本书系常熟理工学院大学生经典阅读工程项目、江苏高校哲学社会科学研究项目“朱熹读书思想整理及其在高校经典阅读推广中的实践研究”(编号:2020SJA1429)、常熟理工学院高等教育研究项目重点项目“同伴助学模式下的模块化阶梯式经典阅读通识核心课程建设与实践”(编号:GJ1904)、常熟理工学院“课程思政”示范课程建设项目“经典阅读”(编号:JXKC2019019)的研究成果,并获得江苏高校哲学社会科学优秀创新团队(编号:2017ZSTD015)资助

高校经典阅读推广理论与实践

朱原谅　著

安徽师范大学出版社
ANHUI NORMAL UNIVERSITY PRESS
·芜湖·

图书在版编目(CIP)数据

高校经典阅读推广理论与实践 / 朱原谅著. — 芜湖：安徽师范大学出版社，2020.10（2024.6 重印）
ISBN 978-7-5676-4684-1

Ⅰ. ①高… Ⅱ. ①朱… Ⅲ. ①院校图书馆－读书活动－研究－中国 Ⅳ. ①G252.17

中国版本图书馆CIP数据核字(2020)第181625号

高校经典阅读推广理论与实践 朱原谅◎著

责任编辑：潘 安 责任校对：房国贵
装帧设计：丁奕奕 责任印制：桑国磊
出版发行：安徽师范大学出版社
芜湖市九华南路189号安徽师范大学花津校区 邮政编码：241002
网 址：http://www.ahnupress.com
发 行 部：0553-3883578 5910327 5910310(传真)
印 刷：阳谷毕升印务有限公司
版 次：2020年10月第1版
印 次：2024年6月第3次印刷
开 本：700 mm × 1000 mm 1/16
印 张：11
字 数：170千字
书 号：ISBN 978-7-5676-4684-1
定 价：45.00元

前　言

阅读推广是很奇妙的事情。你爱上它时，你会不断发现你所做的一切就像是在生产一个个产品。开始时，你只是为了满足自己的需要而阅读，慢慢地，你会将自己读到的好书推荐给与你产生交往的人。如果你能够仔细思考，你可能会意识到你向别人推荐的第一本书就是你心灵上生产出来的第一个产品。毫无疑问，根据你自己的起始经验推荐的书，对于阅读推广来说，是刚刚成型的产品，它算不上精致，算不上厚重，算不上是能改变你生活的东西，也绝对算不上能改变你精神世界的著作。因此，如果你是初次出现在阅读推广舞台，你一定要相信，你第一次向别人推荐的书，绝对只是你最初的一个产品。如果你爱上了阅读，你就会不断发现好书，不断地把自己喜欢的书推荐出去。

阅读推广的奇妙之处在于：随着你的阅读越来越深入，你对世界的了解越来越广泛，但你似乎无法达到世界的尽头。就像你在制作你的产品，下一个才是最好的。

你的精神生活，你的阅读，其实是去做一件事情：让自己保持理性，去正确地认识世界的过去、现在和将来。每个人通过精神制造的第一个产品，都是基于现在的，因此，向别人推荐的第一本书，就是你现在的需求。随着你不断阅读，那些描写过去和未来的书，甚至将整个人类社会囊括在视野中的书，慢慢进入你的精神产品之中，于是你又开始推荐较深层次的书，你感觉到你的第一个产品是多么不成熟，多么幼稚。有了初步观察过去和未来的能力，你对一些中端级别的书产生了依赖感，但会明显地意识到：除了这些书，会不会有更好的书？你在推荐书时不再信誓旦旦地和人说：这本书真棒，特别适合你，你去阅读吧。你会说，这本书有点意思，很多人在读，你试一试吧。你已经对书有了初步的筛选和判断能力，但只能限于你的经验，你可能更笃信一句话来支撑你的行动，这句话就是“开卷有益”。是不是很有意思的过程？你从心底深处冒出“开卷有益”这句话的时候，你似乎找到了精神依靠，也正是这句话，几乎让所有的阅读者和阅读推广者花费自己大量的时光和精力，重复阅读一些不能让你做出实质性改变和进步的书。“开卷有益”行为会导致你流连在小说的故事情节中，导致你迷失在大量的心灵鸡汤中，甚至会让你局限在大量的技能性图书中而无法自拔。如果你想找到光，不，是每个人都渴望在迷茫的人生中找到一个指引的方向，那你就要静下心来，倾听这个世界最美妙的声音，观看这个世界最好的文字，寻找这个世界最顶尖的指引者，而不仅仅是“开卷有益”。最美妙的声音在哪里？最好的文字在哪里？最顶尖的指引者是谁？这个世界亘古不变的思想里，就蕴含着这一切。生活在中华传统文化里，我们要经常问一问自己：尽善尽美的声音是《韶》吗？最好的文字是四书五经吗？最顶尖的指引者是孔子吗？谁的文字流传得最长久？哪个指引者影响最大？其实，每一个做阅读推广的人，只要如此思考，就不再迷茫了。剩下的一件事，告诉自己，对最美的声音、最好的文字、最顶尖的指引者，怀着敬意，靠近，一步步靠近，然后思考如何能够靠得更近一点。

阅读推广，就是你找到了这些后，用自己的行动去靠近，并且通过自己的行动，感染并带领身边的人一起走。“德不孤，必有邻。”你明白阅读推广的意义和价值时，就是你理解自身、理解社会、理解世界的时候。

这本书的文字，记录着我往昔迷茫的过程，它也许能带给你小小的启迪。我在阅读推广的组织和活动中孜孜以求，最后发现，阅读共同体模式是目前比较好的阅读推广模式，本书的上篇是理论和实践。理论部分主要探讨阅读共同体的形成、概念和内涵。我和陈幼华将阅读共同体的概念在《图书情报工作》2019年第18期发表的《大学经典阅读推广模式效果的实验对比研究》一文中提出，之后随着对经典阅读推广的思考深入，我补充了阅读共同体概念最核心的内容，因此，本书的理论研究是对阅读共同体概念的完善。在实践探索中，重新定义了“五维一体”的阅读推广体系。在下篇中，我特别描述了阅读习惯、阅读方法、阅读推广与教育。阅读推广最有效的方式是对阅读方法的培养。阅读方法的培养几乎是终身的，而不仅仅是儿童和少年时期的习惯培养。我认为，世界上有最好的阅读方法，来自中华传统文化的“朱熹读书法”和来自国外的艾德勒的《如何阅读一本书》。下篇中关于“朱熹读书法”的内容，是我发表在《图书馆杂志》上一篇关于“朱熹读书法”研究内容的后续研究，希望能给读者带来启示。阅读推广效果要落到实处，只有通过教育的改变来真正实现，图书馆界要做的是对文献进行价值排序，并向读者推广价值排序靠前的书，以保证读者能读到价值最高的书，这正是目前在阅读推广过程中一直支持我前行的理念。一个人的生命是短暂的，拥有的时间是有限的，我们要用短暂的生命和有限的时间，阅读那些饱含人类精华的最好的书，才不会有虚度光阴之感。

我感谢那些始终支撑我前进的同伴，感谢他们在我困难的时候给了我无条件支持，在我几乎要放弃的时候不断给我鼓劲，是他们的信任和爱，让我在经典阅读推广这条大路上坚持走下去。最后，趁此机会，感谢为我无私奉献的家人们。

朱原谅

二〇二〇年三月二十日

目　录

//　　上　篇

// 下 篇

上篇

理论的起源：阅读共同体形成论

一、阅读推广的研究对象

目前阅读推广已经成为图书馆界的重要研究领域，阅读推广实践工作在不断推进并已取得丰富的实践经验。在对阅读推广实践工作研究成果进行梳理后，发现阅读推广工作存在以下几个研究对象：阅读环境；专家；阅读推广人；读者群。

（一）阅读环境研究

图书馆是人类阅读的最佳场所，改善目前阅读环境是阅读推广研究者关注的研究领域。有研究者强调图书馆应建立经典阅读阅览室等阅读空间。[①]有研究者认为舒适的图书馆阅读空间环境是阅读推广开展的依托，阅读推广平台建设是阅读推广活动开展的基础。[②]平台建设能提高阅读推广效果。馆藏资

①王余光.图书馆阅读推广研究[M].北京:朝华出版社,2015:361.

②陈幼华,蒋丽丽.图书馆经典阅读推广体系与平台设计研究[J].大学图书馆学报,2016(6):70-76.

源是图书馆阅读推广的基础保障。[①]由此可见，阅读环境主要由与阅读有关的法律法规、图书馆资源和阅读空间、虚拟阅读平台等构成。

（二）专家在阅读推广中的作用研究

名人效应可作为激活全民阅读的激励机制。[②]专家是阅读推广的引领者和道德模范，可推动深阅读，并使读者收获思考体验、情感体验、价值体验、审美体验。专家的书评和导读可成为全民阅读推广活动的“领读者”。[③]渥太华中心公共馆长期招募专家构建在线阅读社区，埃默里大学图书馆也构建专家引领的网络学习空间。[④]针对学生建立实体的阅读社区，要求专家和家长共同参与。因此，专家在阅读推广中可起重要的作用。从整体的阅读推广实践来看，目前专家的引领作用还没有完全被重视。

（三）阅读推广人研究

阅读推广人系列培训教材已经出版了四辑。阅读推广人在阅读推广中的作用不言而喻。阅读推广人是具有一定资质，可以开展阅读指导、提升读者阅读兴趣和阅读能力的专业与业余人士。图书馆应成为阅读推广人培养与成长的摇篮。设立“职业阅读推广人制度”有助于强化阅读推广人的责任感和专业度。[⑤]阅读推广人应走专业化发展道路，强化专业化培训。[⑥]综合以上研究，阅读推广人应走专业化发展道路，其各项素质急需提高，图书馆界应加

---

①段梅，范丽娟，赵晖．南京理工大学图书馆的阅读推广创新[J].大学图书馆学报，2011(4):86-89,115.

②夏立新，李成龙，孙晶琼．论名人效应在阅读推广人机制中的应用价值:“Premier League Reading Stars”项目的启示[J].图书情报工作，2015(22):141-147.

③徐雁．“两个批评学者”与“五十个书评家”:有关《图书评论与阅读推广》的知识解说[J].图书馆建设，2017(12):19-22.

④张玖莉．泛在知识环境下数字图书馆阅读社区的构建研究[D].绵阳:西南科技大学，2015:24-26.

⑤张怀涛．阅读推广方式的维度观察[J].大学图书馆学报，2015(6):59-65.

⑥张章．阅读推广人培训的现状与展望:以中国图书馆学会阅读推广人培育行动为例[J].图书馆杂志，2016(8):36-41.

强阅读推广人的培育。

（四）读者群研究

读书会对阅读推广有积极的影响，但未引起足够重视，缺乏推广机制，缺乏专业指导，活动形式单一。阅读社区是一个复杂的群体，阅读社区的影响力优于读书会或者其他阅读推广活动，开展群体阅读模式可以深入探索当前深阅读的推广工作三大路径：创造相遇、丰富体验、回归对话。[①]阅读社区为图书馆领域提供了探索读者怎样与图书“相逢”的一种绝好渠道。综合以上研究发现，未来读者群的形成应该不是自发的，而是在固定的阅读环境下，由阅读推广人组织、专家引领（甚至产生追随现象）而形成的。

（五）要素组合实践研究

读者、读物、阅读环境是人们阅读活动的要素，是开展阅读推广活动的着力点。可以构建以专家和导师为主导，以经典为阅读内容，以读者的阅读、思考、写作、表达等四位一体的能力提升为核心，通过情境、协作、会话、意义构建四大学习环境要素，开展经典深阅读活动。专家和读者群共同开展阅读推广活动能起到很好的效果。

综合以上研究发现，在阅读推广实践中，组合要素要好于单个要素的效果，有专家参与的效果要好于没有专家参与的效果，好的阅读环境能提升阅读效果。虽然近年来围绕这些要素进行了大量的实践，但是在推广效果上看起来还是不那么令人满意。图书馆还要继续完善阅读推广各个要素的研究，提出各个要素建设的标准，使阅读推广活动能更有针对性、更有效地开展下去。我们应该考虑，在单个要素效果有限而组合效果更佳的情况下，是否可以将所有的要素组合成一个整体，并确立整体中的各个要素标准，使这个整体成为一个有机的、更有效的阅读推广模式？

①李桂华.深阅读：概念构建与路径探索[J].中国图书馆学报，2017(6)：50-62.

二、共同体和阅读推广

将阅读环境、阅读推广人、专家、读者群四个要素组合起来，构建成一个阅读推广活动的整体形式，其阅读推广效果是否好于单个要素或者其他组合要素，目前没有具体的案例能证明，但是在教育领域和学术研究领域已有成熟的学习共同体和学术共同体可供借鉴。

（一）学习共同体

学习共同体是人类为解决学习的困境而构建的。随着建构主义理论研究的不断深入，人类对学习的认识已不仅仅停留在“学习是个体的知识获得过程，学习行为是孤立的、简单的”上，而是发展到“学习是知识的建构，学习是知识的社会协商”。温特比尔特大学认知与技术小组（CTGV）在总结开发贾斯珀系列历程时，提出学习共同体的概念，研究人员通过反思自己经历的一个团体：学习技术中心，认识学习共同体的特征，明确学习共同体形成和发展过程。[①]学习共同体由学习者、教师、专家等组成，彼此之间经常在学习过程中进行沟通、交流、分享各种学习资源，相互促进，共同完成学习任务。美国卡门学校学习共同体以学校发展规划为基础，以学生为中心，针对学习问题，由家长、专家、学校教师组成合作团队，共商解决问题的策略，促进学生全面发展。美国迈阿密大学教学促进中心主任米尔顿·克斯创建国际性的教师学习共同体，他在总结构建教师学习共同体的要素时认为，可以分为目标、课程、管理、联系、相关参与者、活动、学术、评价和奖励。[②]网络学习共同体由学习者、助学者（包括专家、教师和组织者）、信息流（包括必要的网络环境，如资源、在线课程、专题网站、互动平台，以及相关的硬件设备）组成。

①武俊学，李向英.构建网络环境下教师学习共同体：教师专业发展的创新途径[J].现代教育技术，2006(1)：69-72，52.

②詹泽慧，李晓华.美国高校教师学习共同体的构建：对话美国迈阿密大学教学促进中心主任米尔顿·克斯教授[J].中国电化教育，2009(10)：1-6.

综合以上研究，学习共同体可以由学习环境（学校或者网络学院等）、专家、组织者（教师或者助教或者行政组织）、学习者为对象共同构成，它已经不再把教师和学生的直接对话作为学习的主要手段，而是推到与学习环境的建设（包括学校的建设目标、学校软硬件设施建设等）、专家参与和引领等要素共同作用的阶段。

（二）学术共同体

学术共同体是从库恩的科学共同体演变而来的，是由特定专业的从业者组成，他们因教育和科学训练的共同要素而联系在一起，了解彼此的工作，有充分的专业方面的思想交流，在专业方面的判断是比较一致的。它的主体构成要素为有一定科研基础的专业人员、旗帜性人物、从事活动的领域和阵地（如报纸、期刊等）、实施内在制度和活动形式的实施者。在实践建设中，学术共同体可以由资料、学者、刊物编辑部、审稿专家等几个要素形成。师生互动的家庭式学术沙龙，其形成的要素可以由大学、导师、学生组成，虽然没有涉及组织者，但背后少不了家庭成员或联络人的支持和促成。

综合以上研究，学术共同体的主要要素为学术环境、专家、专业学术人员、组织者。

（三）阅读推广

学习共同体和学术共同体的构成要素与目前阅读推广各要素几乎重合。共同体是人类在个人力量难以解决的社会困境和危机的推动下，为促进和完善成员的个人意志，从而达到团体最大效益而形成的群体，它是建立在有关人员的本能的意志或者对习惯制约的适应或者与思想有关的共同记忆之上。学习共同体已经成为教育领域探讨的重要内容，学术共同体成为学术研究促进与交流的主要形式，承担学术评价的重任。根据阅读推广的对象和学习共同体、学术共同体的构建经验，我们有必要构建阅读共同体，以一个整体的、系统的方式推进全民阅读活动。

三、阅读共同体

（一）阅读共同体的概念、要素及其目标

阅读共同体是有关阅读的群体，它以阅读环境为基础和保障，由专家、阅读推广人、读者群组成，成员彼此之间协作完成一定阅读目标或者任务，形成相互影响、相互促进的人际联系，共同养成良好的阅读习惯，并在这个过程中形成一定的规范和阅读文化。

完整的阅读共同体应由阅读环境、专家、阅读推广人、读者群这些要素支撑，并通过目标管理、制度建设，将所有要素组合起来形成凝聚力，引领全民阅读文化建设。

阅读环境是催生阅读共同体产生的保障体系，包括大环境如全民阅读战略、涉及的单位和部门，小环境如图书馆服务、平台等软硬件。

专家拥有丰富的知识和阅读技巧，可引领阅读共同体成员追随，彼此促进，在目前的阅读推广活动中，读者群的形成、阅读推广人的培育、阅读环境的建设正在不断加强，但专家的作用体现得不够明显，需要显著加强。可以预见，在未来的阅读推广活动中，无论是在阅读习惯和阅读兴趣的培养上，还是在人生观、价值观的形成上，专家的言传身教和引领将具有巨大的说服力。专家的影响力将成为提升阅读推广活动成效的重要因素。

阅读推广人将走向职业化、专业化之路，成为活动发起人、策划者和组织者，在阅读共同体中承担活动的策划、组织、实施、控制和评价等职责。

读者群是整个阅读共同体的基础，前三个要素最终是为了读者这个要素而构建的。每一个阅读共同体可以寻找有相同兴趣爱好、相同价值观或者相同需求的读者，构建读者群。

阅读共同体构建的目标和全民阅读推广的目标一致，都是通过阅读提升公民素养，使爱上阅读的人多阅读，使不爱阅读的人爱上阅读，使不会阅读的人学会阅读，使阅读有困难的人跨越阅读的障碍。

（二）阅读共同体的展望

未来的阅读共同体模式将改变阅读活动的单一模式，每一个阅读共同体的活动不再是一次性阅读推广活动或者一次专家讲座，而是阅读推广人策划和组织、专家连续参与、固定读者群持续阅读，时间短的是一本书完整阅读，时间长的是一个主题连续阅读，而更长的是全民阅读习惯养成。阅读共同体层次可以细分如下：

小到由一本书或一个班级组成的阅读共同体单元，包含小型阅读环境(如小书架、小型阅读室等)、导师、活动组织者、读者。目前在进行的一些读书会、读书社区可以升级到阅读共同体单元。

中到企事业单位组成的阅读共同体，如在一个学校或者一个企业形成的阅读共同体，由图书室或图书馆、内部专家团队、阅读推广组织部门、单位全体成员组成。目前一些高校的经典阅读工程可以升级成中型阅读共同体。如南京大学推出的本科生“悦读经典计划”，通过学校项目负责人的设计和运动，由专家会议决定遴选书目，并由专家领导，由青年教师组成的导师团队开展阅读活动，激发学生的阅读兴趣和理性、批评性的思考能力。①又如常熟理工学院的“五维一体”的大学经典阅读体系构建与实践活动等，已经具备一定的效果，可快速升级为中型阅读共同体，并为阅读共同体的构建模式和标准提供前期实践基础。②

大到一个城市一个地区，利用广大资源和行政手段构建阅读共同体。如“一城一书”“一校一书”活动等可升级为大型阅读共同体等。

再大到全社会的阅读共同体，上升到国家战略，由国家层面形成阅读环境（包括阅读政策、资源保障体系、全民阅读推广平台等)、顶级专家和有影响力的公众人物、全民阅读推广委员会、国民组成。

---

①周宪.从“沉浸式”到“浏览式”阅读的转向[J].中国社会科学，2016(11)：143-163，208.

②朱原谅，周梅.“五维一体”的大学经典阅读体系构建与实践：以常熟理工学院为例[J].图书情报工作，2017(12)：101-105.

如此这般，构建各级阅读共同体，组成体系，积极推广，将对全民阅读起到强大的推动力，使得阅读推广由量变到质变。

阅读共同体对于阅读推广来说是一个新的系统性的概念。在目前全民阅读推广战略持续推进的情况下，阅读共同体的出现也许是解决问题的有效手段，可为全民阅读推广带来新动力。

理论的进化：阅读共同体内涵和特征初步研究

阅读共同体是基于阅读推广而构建的一种新模式。强烈、积极的阅读协作构建的阅读共同体拥有凝聚力和归属感，能使读者养成良好的阅读习惯，从而使阅读推广效果可以预见。[①]通过在线上、线下建立一个基于主体间阅读和人际交往的学生互动社区，弱化“灌输”，突出学生主体地位，强调学生主体间性交往，达到良好的阅读效果。对阅读共同体的特征进行剖析，完整地揭示阅读共同体的内涵，有助于阅读共同体的构建。

一、阅读共同体的内涵

（一）共同的信仰和目标

共同体是需要共同的价值信仰和理解的。共同体是以满足成员需求为目的而产生的组织。阅读共同体的信仰是什么？是学而优则仕，还是“万般皆下品，唯有读书高”？这些话语中都包含着一个意思，那就是阅读改变人生。曾祥芹先生以《阅读改变人生》为书名，成为读者信仰最好的注解，朱永新在《我的阅读观》一书中开篇就以“阅读改变人生”论述了阅读的意义和目

①张泸月.智慧阅读推广：智慧阅读时代的新常态[J].图书馆建设，2018(7)：72-79.

标。①阅读改变人生已成为平凡人的信条。但要使其成为阅读共同体的价值内核、信仰和目标，必然要将其作为成员精神内化的结果。成员的内在目标就是要在阅读共同体的支持下，通过阅读改变自己，建立阅读兴趣，同时获得阅读能力、阅读习惯乃至努力使自身在精神上变得更好更强大。阅读共同体的外化目标就是提升全民阅读素养、促进民族文化的发展与进步。

（二）共同的资源

无论是血缘共同体还是地域共同体，都存在着享受和劳动，占有和享受共同的财产。学习共同体中，课堂是学习共同体的主要特点，它是开展教学的舞台，是教师和学生生活的主要场所。课堂包含了太多的资源含义，如设备、教学资料、环境等，而且课堂具有划一性和排他性。整个社会都在阅读，社会为阅读提供的资源足够丰富。因为排他性，我们把阅读共同体的生成局限在一个范围内，只有在一个拥有共同资源的范围里，阅读共同体才有可能真正诞生，其他条件下形成的阅读群体，不属于阅读共同体的范畴。诞生阅读共同体的场所应在各类图书馆、图书室等资源环境中。阅读共同体成员利用共同的资源形成凝聚力。在阅读共同体中，阅读内容是同一主题的资源或者同一本书，成员之间通过阅读和交流，来彼此探讨和理解阅读内容，并通过辅导者的指导和自身的感悟或者顿悟，获得能力或经验的提升。阅读共同体将阅读内容、阅读过程中形成的知识和资源形成资源库，供成员查看和参考，这些共同的资源更具排他性，也是阅读共同体文化形成的基础。这些资源为阅读共同体的目标服务。资源的丰富性和指向性成为共同体成员迈向成功的基础和阶梯，同时吸引成员进入共同体，参与活动，占有并享受优质资源。在朱永新领导的新教育公益项目规程中直接规定：以图书馆为中心，建立专业阅读共同体，图书馆借阅对象优先提供给共同体成员，间接说明阅读共同体共同资源的重要性。

①朱永新.我的阅读观[M].北京：中国人民大学出版社，2012：27.

（三）权威

共同体里存在一种优越的力量，它高居于成员之上，保护、提携、领导着他们。这种力量可成为威严或权威，主要表现在三个方面：年龄的威严、强大或力量的威严、智慧或者智力的威严。没有威严和权威的群体就像没有核心的玩伴，构不成共同体的形式。引领共同体的一定是能做出正确和有益的决策的行家或者权威。阅读共同体中的权威可来自专家与阅读推广人。专家在智慧上的威严是引领共同体成员阅读和完成目标的主要力量。专家对某一个领域的文本有深刻认识，了解这些文本对成员理解社会和人生产生巨大影响力，阅读这些内容给成员带来的结果应是好的，因此在阅读内容的选择、理念的传递、意志的形成上，专家必然是权威。而阅读推广人的威严来自他们的服务意识和服务精神，因为任何服务（包括专业的服务）都可以视为一种威严。阅读推广人是阅读共同体形成的推动力量，是将专家和阅读内容结合在一起的中间媒介，也是共同体的管理力量，对阅读共同体制度的制定、阅读共同体意志和文化的形成等做出贡献。阅读推广人始终站在服务于专家和读者的角度，必须拥有牺牲精神，无私奉献于阅读共同体，同时获得专家和成员的信赖。阅读共同体并不是处在权威或威严中一个冷冰冰的组织，专家需要用善意、谦虚与和蔼唤起尊敬的意志，阅读推广人要用服务、交流和牺牲精神将成员团结起来。因此，阅读共同体同时具备共同体的温柔和敬畏。

（四）共同阅读兴趣的成员

阅读共同体成员首先是在共同体内部通过强烈的阅读兴趣滋养自身，完成阅读共同体的目标，然后再发扬阅读共同体的文化，通过相关阅读对其他主题产生进一步的兴趣，再重组阅读共同体或者加入新的阅读共同体中。从诗歌到小说、从历史到哲学，等等，一个个因为兴趣而连接起来的阅读共同体，影响着成员的阅读生活，不断提升成员的能力和经验，也不断孕育着一个个优秀成员的诞生。

以上四个要素是阅读共同体必不可少的组成元素。它们使阅读共同体成为一个由共同信仰和目标指引的，由权威或优势力量、共同的资源以及因共同阅读兴趣而志同道合的成员组合而成的，富有凝聚力和吸引力的团体。当然还有一些其他因素也是阅读共同体的组成部分，如外部环境、制度建设等。

二、阅读共同体的特性

阅读共同体的要素构成中，结合不同共同体的特征，我们归纳出阅读共同体的基本特性，主要体现在身份认同、交流性、依赖性、归属感、实体消亡或重组性。

（一）身份认同

在共同的资源论述中，我们已经提到了排他性。在拥有共同的兴趣中，我们提到了身份认同。“我是谁”“我们是谁”是一种哲学意义上的社会认同，作为共同体的身份认同源于成员的认知、偏好和情感。阅读共同体是被纳入资源使用、拥有阅读能力和阅读兴趣，并有意通过阅读共同体追求个体目标和共同进步的成员而聚集在一起形成的群体。对于个体来说，身份认同是自身要匹配群体的要求，而被群体认同之后成为共同体的一分子，从而拥有劳动、占有和享受的权利。对于群体而言，个体之间因为差异性，导致在共同体中的分工和合作的不同而存在等级或者属性关系。在学习共同体存在的身份转换的灵活性，不会在单个阅读共同体中出现，在不同的阅读共同体发生的身份转换是有可能存在的，如社会科学专家成为自然科学阅读共同体的成员。但无论如何，在阅读共同体中，这种身份认同是它根本的特性，牢固地保持着共同体的凝聚力。图书馆读者身份可以认为是所有阅读共同体身份认同的广义概念，而对于成为单一阅读共同体的成员，以相同的阅读兴趣和阅读内容组合在一起，为共同的目标，彼此承诺，认同对方，拉近距离，共同关注和关心，形成相互信任的关系，才是阅读共同体真正意义上的身份认同。

（二）依赖性

在血缘共同体、地域共同体中，成员存在着生命的成长、发展、生活、职业等各个阶段的依赖性。血缘共同体成员依靠相互习惯来支持彼此间的交流；地域共同体依赖邻里之间的安全、财产等产生的互助，“远亲不如近邻”是对它最好的阐释。对于当代共同体而言，血缘、地缘这些“共同理解”的基础已经不复存在，共同体成员之间的共同特征已经弥散到种族、观念、地位、遭遇、任务、身份、语言甚至文化等方方面面。阅读共同体没有血缘共同体、地域共同体那样深刻的依赖性，只能在寻求精神和情感上的依赖性，也许友谊可以对它的依赖性进行某个方面的诠释。阅读可以排遣孤独，阅读改变人生。成员共同痴迷于同一个主题的文本，从主题的阅读中提升自己，参与彼此的讨论，发现自己在阅读共同体中扮演的角色，沉醉于阅读共同体的氛围中。因此它的依赖性体现在目标实现上，对专家的依赖、对阅读推广人的依赖、对阅读环境的依赖、对彼此之间友谊的依赖，乃至于对整个阅读共同体文化的依赖。

（三）归属感

归属感是个体对群体的认同、满意和依恋程度的情感体验。对于共同体而言，归属感就是能够维系共同体存在的一种行之有效的、为共同体成员认可并共享的文化。共同体成员相互之间因为共同的、有约束力的思想信念而在一起，在共同体内，成员可释放自己的天性，并通过言语传递自己的意志。阅读共同体主要通过阅读共同体文化来形成归属感。阅读共同体文化体现出成员的自由和荣誉感。首先是阅读共同体成员自由接触和交往，自由展现阅读感悟和阅读体验，即使充分地表达着各种情感如悲伤、愤怒、喜悦、快乐、幸福、嫉妒、恐惧、羞耻和爱，也不会感到不适，因为这些都是文本本身赋予的阐释。其次是阅读付出与收获的比重。成员认真地参与阅读共同体活动中，必将受到赞赏和关注，从而获得相关的荣誉。良好的制度和专家的权威、阅读推广人的关怀、所有成果的固化都是阅读共同体归属感形成的重要条件。

（四）实体消亡或重组性

无论是血缘共同体、地域共同体还是其他共同体，在经济危机、战争、新文化等因素的影响下，都会存在着衰落和消亡的危机，一旦消亡，共同体成员将重新寻找适合生存和发展的环境去形成共同体，继续产生新的秩序和文化，也存在沿用旧共同体的形式继续发展。

各类实践共同体都会存在实体消亡或重组性。学习共同体在实际教学操作中，采用基于问题或项目的学习，其周期为4~16周。[①]学术共同体因为范式的转变而分化或重组。

在阅读推广方面，黄琳等将阅读社区活动的生命周期划分为四个阶段：参与动机孕育、被动参与过程、主动参与过程、关注焦点转移，其观点主要就一个网络发帖的读者参与交互的生命周期而言。[②]

阅读共同体不可避免地面临消亡与重组。消亡的因素主要有两个方面：一是认知迭代，二是权威弱化。认知迭代的过程是为增强知识的某种认知目的而产生知识的相继阶段，它包含两种进步模式：丰富和自纠。丰富是指对原来的知识系统进行发展，导致某些知识增强。自纠是指原来的知识系统基于迭代的过程而进行审查和改进。阅读共同体在取得认知迭代成功后，成员对专家的引领与阅读内容的理解被自身吸纳，随着理解深入，阅读共同体的吸引力逐步降低，最后随着阅读共同体成果的固化，导致共同体内部成员的交流减少，实体逐渐消亡，进而在新的阅读共同体中重组。权威弱化主要来自权威本身的因素。真正的权威来自内在的精神力量，一旦这种内在的精神力量消失，外在的权威也随之逝去。权威产生的力量是以权威主体自身的知识与道德的力量来实现的。权威弱化的原因主要是成员获取信息的多样性、来自经济和外在文化的冲击、成员主体地位的确立等因素。在阅读共同体中，权威是文本的解释者，是成员阅读文本的帮助者，成员通过知识的获取，获得并实现了主体性，同时逐步弱化了权威带来的影响，导致阅读共同体的消亡。阅读共同体帮助成员在过程中享受了自由，获得了进步，同时使成员迷

①钟志贤.知识建构、学习共同体与互动概念的理解[J].电化教育研究，2005(11)：20-24,29.

②黄琳，李桂华，黄安妮.生命周期视角下的阅读社区读者交互特征[J].图书馆论坛，2017(7)：48-54.

恋共同体文化带来的吸引力，即使实体消亡，其形式和文化在成员中得以延续，新的阅读共同体将重新形成，循环往复。

阅读共同体的形成对阅读推广效果产生积极的意义，但是它需要来自阅读环境的支撑、柔性制度的保障以及社会认知水平的提升。学界可以积极探索阅读共同体的实现路径和支撑体系，以加快阅读共同体的构建和成熟，促进全民阅读的推广和提升。

理论的升华：阅读共同体完整论述

经典阅读已经成为阅读推广的核心内容。阅读共同体模式被认为是经典阅读推广中的最佳模式，涉及阅读共同体的理论研究不断呈现。我国最初提出阅读共同体是源自中国人民大学金元浦教授的专著《文学解释学》，其中在论述每一文本都有与自己相适应的读者群时，他这样写道：这是由阅读兴趣、审美能力、接受程度、鉴赏水准不同的读者构成的阅读共同体，是一种通过阅读进行对话与交流的“无形学院”。在随后的论述中，他以阅读过程中期待视野为分类标准，将不同的阅读共同体分成高层次阅读共同体和低层次阅读共同体，而读者会因为自身阅读经验的提升，从低层次阅读共同体向高层次阅读共同体转换，并认为最高层次的阅读共同体成员应由时代最杰出的、艺术视野和水准最高的人（或者是天才）组成，同时认为，因为人的需求是多层次的，所以多层次的阅读视野可能同时共存。[①]这以接受反应理论中文学阅读共同体的阐释，而成为阅读共同体论述的开端，不过似乎没有引起太多的注意。而后关注阅读的学者和研究者也在研究中提起过阅读共同体，如徐百

①金元浦.文学解释学[M].长春:东北师范大学出版社,1998:217.

柯的《政界知识界共建阅读共同体是国家之福》，[①]汤淼的《建构阅读文化共同体——新媒体环境下出版社门市部研究》等，[②]都未真正深入阅读共同体的概念与内涵研究。在中国知网检索（检索日期2019年12月4日），以“主题”为检索项，以“阅读共同体”为检索词，获得文献84篇，其中2017年之前每年文献篇数不超过7篇，2018年达20篇，2019年27篇，近两年飞速增长。一些中小学教育的研究者将阅读共同体置于学习共同体概念下，如王彩霞在2013年发表的《基于中小学数字图书馆阅读共同体的构建》一文中，认为阅读共同体是指以阅读为主题的学习共同体。[③]这是对阅读共同体一个比较简单的归类，事实上，阅读共同体并不仅仅是置于学习共同体下的群体。李桂华在2017年对阅读社区进行广泛的研究后，试图构建一个可靠的阅读群体的阅读推广模式，在《深阅读：概念构建与路径探索》一文中认为数字时代深阅读的意义在于其具有“复合”价值，而新文本、新读者、新环境召唤着新型深阅读，应以创造相遇、丰富体验、回归对话为导向开展阅读推广工作。[④]张泸月通过对读者关系的多角度研究之后，在《智慧阅读推广：智慧阅读时代的新常态》中认为，强烈、积极的阅读协作对于构建读者间可依赖的关系至关重要，阅读协作中的相互交流与关心、互动与合作，能够增进彼此间的情感，不断形成阅读凝聚力，进而形成一个非线性的、去中心化的阅读共同体。[⑤]2019年操菊华、康存辉在《全民阅读共同体构建策略研究》中认为阅读是全民共同利益、价值、文化和发展的诉求，构建全民阅读共同体需要有文化自信的主导地位、阅读资源的引导作用、阅读环境的净化作用和阅读个体的榜样作用。[⑥]

①徐百柯.政界知识界共建阅读共同体是国家之福[N].中国青年报,2012-12-15(1).

②汤淼.建构阅读文化共同体:新媒体环境下出版社门市部研究[D].上海:华东师范大学,2013.

③王彩霞.基于中小学数字图书馆阅读共同体的构建[J].现代中小学教育,2013(6):76-79.

④李桂华.深阅读:概念构建与路径探索[J].中国图书馆学报,2017(6):50-62.

⑤张泸月.智慧阅读推广:智慧阅读时代的新常态[J].图书馆建设,2018(7):72-79.

⑥操菊华,康存辉.全民阅读共同体构建策略研究[J].出版发行研究,2019(7):83-87.

综上所述，由于阅读共同体有助于阅读效果的提升，无论是学界还是业界，对阅读共同体理论和实践的研究已经越来越广泛。研究成果体现出对阅读共同体不同的解读，显示出在理论研究上存在对阅读共同体概念解读片面或宽泛，在实践建设上存在不少缺陷，无法构建真正的阅读共同体，主要原因是对共同体理论的认知不足。因此有必要根据共同体理论对阅读共同体做进一步研究。

一、共同体核心特征

探讨阅读共同体的概念，首先要从共同体的概念出发。学界普遍认为，较早提出共同体概念的是德国社会学家滕尼斯。但事实上，马克思在人类社会发展的历史研究中，已经深刻地描述了共同体起源、发展和未来的趋势。从稳定的个体出发，个体与个体的外部产生一种关系，从而形成和创造出有助于个体之外相对于个体本身发展的完美的客体，并通过客体达到认识和承认个体自身。这些过程中产生的多种关系，都需要依赖共同体，共同体能使个体成长和认识自己，最后使其承认自身并达到自身满意状态。滕尼斯在共同体研究中深受马克思主义的影响，其共同体理论蕴含在《共同体与社会：纯粹社会学的基本概念》一书中。译者林荣远在滕尼斯《共同体与社会：纯粹社会学的基本概念》一书的前言中认为，滕尼斯的共同体是建立在有关人员的本能的中意或者习惯制约的适应或者与思想有关的共同的记忆之上的。[①]刘海江根据滕尼斯、涂尔干和韦伯的研究，经过分析并总结出共同体的概念：共同体是个人以平等方式通过得到社会成员普遍认同的社会纽带而结合在一起所形成的社会生活群体。而后他对实践共同体做出定义，即具有社会性质的物质生产生活，就是把不同的个人联系在一个共同体之中的社会纽带和中介。[②]林荣远总结的定义远远不能囊括滕尼斯共同体的内涵，而刘海江的定义，尤其是对实践共同体的定义，过于强调平等和物质成分，忽略了成员的

①斐迪南 滕尼斯.共同体与社会:纯粹社会学的基本概念[M].林荣远译.北京:商务印书馆,1999:2-3.

②刘海江.马克思实践共同体思想研究[M].北京:中国社会科学出版社,2016:6,20.

等级和精神的成分，如学习共同体、学术共同体等都属于实践共同体的范畴，都是倾向于精神生产的共同体。共同体概念的模糊性，使得人们在运用它时存在争议。研究者将各种特殊的共同体概念描述游离于滕尼斯共同体论述之外，如对学习共同体、科学共同体、法律职业共同体、实践共同体等各种共同体延伸状态的描述，甚至将共同体的形成要素概括为共同目标、身份认同和归属感，这与滕尼斯共同体核心特征的表述有巨大偏差。事实上，无论共同体怎样延伸和发展，它的核心内涵是不变的，除非它不再叫共同体。因此，我们要对阅读共同体提出合适的概念和内涵，返回到滕尼斯对共同体内涵的表达中去，对阅读共同体做出正确的解读。

滕尼斯在描述了最小的共同体单位（家庭）、最强有力的三种关系（母子、夫妻、兄弟姐妹）之后，开始论述共同体形成的核心特征。

首先是意志。在意志的描述中，滕尼斯没有完全将意志解释得明确清晰，他想要表达的共同体意志应该是人生的追求，一种对幸福生活的追求，是在辛苦劳作之后对生活的享受而带来的巨大幸福感。这种追求，要有强大的意志力支撑。如果追求最大的幸福，必然要承受最大的痛苦，拥有最大的、最罕见的力量。因此，滕尼斯这样描述：与从这种关系中得到较大的享受相适应的是，为这种关系付出更沉重的劳动，这就要求用更大的或更稀罕的力量来支撑劳动。滕尼斯将意志置于共同体的首位，可以这么认为，没有意志支撑的群体，没有对美好生活向往和追求的群体，承受不了沉重劳动方式的群体，是不足以成为共同体的。在意志面前，其他一切关系都是为意志而效劳，其核心就是共同体成员相互之间的共同的、有约束力的思想信念，这个思想信念被滕尼斯解释为默认一致。意志是贯穿在整个共同体成员所有行为中的核心特征。

其次是权威或威严。支撑意志的重要力量是权威或威严。滕尼斯这样描述：有一种优越的力量，它被用于下属的福利或者根据下属的意志实施，因此也为下属首肯。这种威严包含三个方面：年龄的威严，强大（包含权力和力量）的威严，智慧或者智力的威严。应该说这三种威严在行为中存在递进关系，年龄的威严作用力相对较小，而力量的威严相对强大，智慧或者智力的威严处于最高层次。三种威严对应的层次为法官、勇士、神职人员，而父亲的身份将这三种威严集于一身。滕尼斯在随后花了大量的篇幅对威严做出论述，并在其他特征的论述中都涉及威严。他认为共同体的所有行为，都是在威严的指导和引领下进行，它必须依赖处于威严地位的成员做出的判断，依靠他们来应对所有的危险和困境。由此可见，威严在滕尼斯的共同体理论中占据着重要的地位。但是，在后来的实践共同体的研究中，威严的特征被逐步淡化了，研究者或多或少地认为，共同体成员必须处于平等地位。这些论述有悖于滕尼斯的初衷，即使纵观所有拥有共同体性质的团体，也都必须有威严的特征存在，没有威严存在的共同体，是一盘散沙，不足以承担所有成员寻求美好生活而必须承受的重负。

再次是共同体资源。共同体的生活是相互的占有和享受，是占有和享受共同的财产。而占有和享受的意志，来源于保护和捍卫的意志。共同的财产/共同的祸害，共同的朋友/共同的敌人，这是滕尼斯对两对词语无法单独存在的表达，并且他很巧妙地将共同体的资源置于共同体意志之中。共同体资源首先是家族成员的力量和智慧，其次是通过劳动获取的财产，然后是固定而永久的土地和房屋。这些资源形成了共同体成员共同生活、共同居住和共同工作的基础。共同体资源是维持共同体成员持续存在和发展必不可少的组成部分。

最后是共同体制度或者文化。个体与个体之间一旦产生联系，为了避免冲突，就会涉及交往的准则。滕尼斯认为，共同体最初的制度就是家族的大法。他如此描述：家族的大法首先作为家政是重要的。但随着分工的稳定和基于享受的物质分配已经成型，产生的剩余产品就会形成交换。在交换中又形成了一些准则，而这些准则通过威严与默认一致被视为公正的。于是，在最初的共同体中就形成了分工、分配和交换的制度。这些制度有助于共同体的发展。由男人打猎、女人耕种持家等分工劳动而获得的成果聚集于灶火旁，每人得到应有的一份，这些形式成为家族世代变化的持久的生命力，并可以团结成员。可见，制度和文化在共同体发展中起着非常重要的作用。共同体并不仅仅依靠威严或者权威的个人力量来造就团体的幸福，也需要通过共同体制度或文化来推动自身繁荣和发展。因此，由权威或者核心成员建立的有助于共同体发展的制度或文化，成为共同体的重要特征。

以上四种特征是基于滕尼斯的共同体理论总结得出的。只要有共同体形式出现，就会包含这四个核心特征。而对于共同体与社区、社群的区别，刘海江在其书中有论述，赵健在《学习共同体：关于学习的社会文化分析》中有详细区分，[①]在此不一一说明。

二、阅读共同体核心特征

根据共同体的概念和一般特征，在历史中寻找阅读共同体形成的理论根据，对于发掘阅读共同体核心特征的研究是非常重要的。

（一）传统的阅读共同体

王余光认为传统阅读存在“经典崇拜”。[②]人类历史流传至今，人们经常会产生对读书人的崇拜和敬佩之情。从这个意义来说，阅读共同体本身就存在威严和意志。阿尔维托在《阅读史》第一章“最后一页”描写了一个阅读共同体的基础模型：每个人都是家庭这个阅读共同体的成员之一。年长者成为教导者和权威，引领儿童和少年进入阅读的世界，整个家庭因为阅读的氛围而进步，进而快乐融融。然后发展到校园和社会。阿尔维托在这一章的后面写道：几乎不管在何处，读者社群（阅读共同体）都因其所获得的权威和被感受到的权力而博得暧昧的名声。[③]发生在西方的阅读共同体，存在着苏格拉底、柏拉图、亚里士多德、奥古斯丁等这样的顶级权威，他们有追求善和真理的意志，也存在以这些人为核心、对来自远古的经验及保存下来的资料

①赵健.学习共同体:关于学习的社会文化分析[M].上海:华东师范大学出版社,2006:20-23.

②王余光.图书馆阅读推广研究[M].北京:朝华出版社,2015:313.

③阿尔维托 曼古埃尔.阅读史[M].吴昌杰译.北京:商务印书馆,2002:23.

进行不断阅读、传承和探索的群体，并建设了大量的为成员聚集在一起讨论的场所。年青的成员在权威的庇护和指导下阅读，逐渐成为共同体的核心并最终成为权威，一代代传承和更替，从而造就了阅读共同体的不断发展。

如果说基于《圣经》的阅读共同体是西方世界最大的阅读共同体，那么自孔子以后儒家经典阅读共同体是中华文明中最优秀、最坚实的阅读共同体。在华夏文明的历史里，一个权威必然造就一个阅读共同体，我们可以把春秋战国百家争鸣中的每一家，都看做是一个优秀的阅读共同体。权威、意志、资源和文化，这些共同体核心特征，深深地嵌入了每一家的形成和发展中。他们代表的是一种思想，他们的团体就是阅读共同体。在以后的发展中，每一个朝代出现的名人和权威，都会见证一个阅读共同体的形成和发展。如儒家思想形成中，孔子的众多学生，跟随孔子，形成一个完整的阅读共同体：他们的意志是追求至善、世界大同；他们形成了以孔子为核心和权威的共同体；不管是周游还是定居，他们都拥有群体发展的资源；他们最终拥有了自己的理念和文化，形成了儒家学派。从董仲舒到韩愈，从二程到朱熹，从王守仁到王夫之，领导着一代代儒家文化传承的阅读共同体。

（二）阅读共同体核心特征

在考察历史上的阅读共同体之后，可以发现，阅读共同体的核心特征来源于共同体。意志、权威或威严、资源、制度或文化，在阅读共同体中作为重要特征得以体现。阅读共同体并不是追求物质生活丰富的共同体，而是追求在精神层面得到安慰、平和和宁静，从而形成满足感的共同体。阅读共同体和其他共同体不同之处在于，阅读是一种精神上的行为和享受，是为了获取改变自己或者团体精神世界的力量的行为。因此，相较于其他共同体，有一种支撑起阅读共同体的最重要的东西，这种东西不是此刻存在的，而是从远古一直流传下来的、指导共同体成员行为的关于精神层面的东西，它超越了所有此刻存在的人、物和环境。它就是阅读共同体所有成员必须阅读和掌握的最高精神层面的知识，是阅读共同体的圣典。

圣典的形成要经过漫长的过程。所有阅读共同体圣典都是由共同体成员在为了维护共同体利益、保证共同体不被分裂，而与不同信仰的其他共同体进行思想上搏斗的胜利中形成的。对圣典进行有利于阅读共同体生存和发展的解读，是维护阅读共同体生存和发展及其精神层面坚定性的最强有力的方式。因此，一个民族有一个民族的圣典，一个团体有一个团体的圣典，一个地域有一个地域的圣典。圣典一旦形成，阅读共同体也随之形成，精神层面的堡垒开始筑立。在对圣典的阅读、深入研究、使其和现实相结合的过程中，每个阅读共同体培养了一代又一代的权威，使之成为一代又一代的阅读共同体的领袖。这些权威为圣典的阅读和解读而建设讲学堂、书院以及提供拥有赖以生存的土地等，并为成员的成长和发展建立了相关的阅读制度和文化，以此继承、传播和发展来自圣典的思想。可以说，在阅读共同体中，圣典代表一切，它促使了成员的意志、权威乃至资源和制度与文化的形成。以圣典为成员的阅读内容是阅读共同体与其他任何共同体相区别的最重要的特征。

阅读共同体是在共同体理论基础上发展形成的精神共同体，其核心特征包含阅读共同体圣典、意志、权威或威严、共同的资源、共同体制度或文化这五个部分。基于此，阅读共同体概念可以表示为：阅读共同体是阅读、解读成员共同认可的圣典，并以捍卫、传承和实践圣典思想为核心行为的共同体，它是具有捍卫圣典、追求至善的精神意志，以权威或威严引领的、为提升成员与阅读相关的所有能力（包含阅读、思考、文字或口头表达等）、塑造成员精神品质，并拥有和分享共同资源、建立符合自身发展的制度或文化的坚固的、不断发展的群体组织。

三、阅读共同体构建实践

共同体以其强大的凝聚力和成员拥有浓厚的归属感，成为人类在个人难以解决社会困境和危机的推动下、为促进和完善成员的个人意志、从而达到团体最大效益的有效路径。阅读共同体有助于解决目前全民阅读推广活动宽泛但效果不佳的缺陷。只有圣典才具有构建阅读共同体的功能，才能使一个阅读群体长久保持着凝聚力和向前发展的向心力。因此阅读共同体的实践构建要注重阅读内容的选择、阅读形式的固化和阅读共同体文化构建这几个方面。

（一）阅读内容的选择

阅读内容对于阅读推广活动效果的影响力是最持久的。范并思认为图书馆促进全民阅读的目的是为了读者阅读习惯的养成、阅读和写作能力以及完整表达能力的提升。从这个角度来看，阅读内容的选择无疑是重要的。[①]王余光认为，阅读活动的对象是阅读内容，阅读的基础是文本，因此，首先要明确文本内容的选择。在内容的选择上，他给出了阶梯式阅读的建议：中小学生熟读《唐诗三百首》《古文观止》，大学生读《史记》《论语》《诗经》。[②]王波认为高校图书馆应重视阅读内容的选择，应为学生开出好的推荐书目。[③]笔者在经历了本校30种经典书目的阅读推广，以及通过阅读经典开展对读者进行人文通识教育之后发现，并不是每本经典都能对读者有长久的影响力。对于很多经典的阅读，读者读完一遍就结束，很少再去读第二遍，如果和他们继续探讨书中的情节或者深刻的道理，他们马上陷入一种无序的认识状态中，这是奇怪的现象。显然，根据心理学的元认知知识来说，读者并不具有对经典在思想高度上的元认知，导致读者在阅读时产生对经典思想的模糊认识。比如说读《百年孤独》，大部分读者读完一遍之后都知道布恩迪亚家族七代之后就消失了，但对于它为什么消失，多数读者非常迷茫。如果没有前期的知识积累，这本经典的阅读效果就打了折扣。另外，读者不可能将这样一本书背下来，等到以后有了知识积累再来理解。布恩迪亚家族为什么消失？这需要哲学社会学知识来理解。一个团体的消失，主要原因是缺少不断更新和进步的精神支柱，没有精神支柱就像没有根，难以持久。在《百年孤独》里，布恩迪亚家族在遇到发展困境时企图用外来的人带来的羊皮卷作为家族的精神支柱，但小奥雷里亚诺最终没有解读出羊皮卷中的知识，家族赖以生存和

①范并思．图书馆学与阅读研究[J]．图书与情报，2010(2)：1-4.

②王余光．中国经典需重视精读[N]．新华书目报，2019-07-26(10).

③王波．高校图书馆阅读推广中的新生教育书目[J]．图书情报研究，2015(2)：3-15.

发展的唯一依靠是祖母乌尔苏拉创造的财富，随着祖母乌尔苏拉去世，唯一能支撑家族生存的资源消失了，家族随之灭亡。可以这么认为，如果《百年孤独》是一种经典，那么它只能是哲学社会学经典中某种思想的外在体现，而能表达出这类思想的题材很多，因此，要使读者理解这种思想，必须去寻找它的根。在经典阅读推广中，我们发现，大量被认为是经典的书，都存在着这样的现象，如《悲惨世界》《平凡的世界》等，展现出来的善良、正义、诚信等价值观，都是表面现象，无法对读者形成一种在生活中具有长期影响力的效果。究其原因，这些事件、这些人物的塑造，只是某种价值观上的枝叶般的表现。

因此，构建阅读共同体，选择的阅读内容必须是圣典，它就是根，是能够像座右铭一般镌刻在读者心中、体现所有正确价值观的阅读内容。事实上，在阅读推广实践中我们发现，提升读者的人文素养，传承人类文明，其实只要反复阅读、读通一种书或者一类书就够了，这类书就是阅读共同体圣典。读通这些圣典，再去阅读其他的书，理解和掌握其中的思想就会变得容易。

（二）阅读形式的固化

阅读形式是读者在阅读时针对自身能力的提升而选择的阅读方式。古代人对阅读方式是非常看重的，这些方式显示出对阅读内容的敬畏感和神圣感。朱熹在训弟子读书时这样教导："敛身正坐、缓视微吟、虚心涵味、切己体察。"[①]这是朱熹要求弟子读书时有虔诚的态度。曾国藩在告诫家人时要求采用以下的读书方式：《史记》《汉书》《近思录》适合看，《诗》《书》《易》《左传》《昭明文选》等书需高声朗读。[②]这些古人的阅读方式值得借鉴。目前，阅读推广活动的形式越来越专业化，并且专业化的阅读形式有助于各种能力的提升。很多以专业化形式的阅读推广活动在不断推进，如武汉大学的抄书活动、沈阳师范大学的朗读活动、南京艺术学院的经典诵读活动等。巩固这

①黄士毅．朱子语类汇校：1[M].徐时仪，杨艳，汇校．上海：上海古籍出版社，2014：183.

②王余光．图书馆阅读推广研究[M].北京：朝华出版社，2015:76.

些专业的阅读形式，对于读者能力的提升是非常重要的。以专业阅读形式的阅读共同体正在逐步建立，如黑龙江大学刘冬颖打造的《诗经》吟唱读者群、上海科技大学刘勋的《左传》读者群、熊春锦《道德经》诵读班、鲍鹏山创建以诵读《论语》《孟子》为主的浦江学堂等，都是通过专业化的形式进行阅读推广，并长期坚持，从而固化了读者的阅读习惯，提升了读者各方面的能力。笔者所在的单位在实践中专门建设了“四书”阅读共同体，开展每周一次的《大学》《论语》诵读、抄写与解读，聘请校内资深的专家和教师进行经典解读，培养读者的朗诵技能，而且通过阅读内容的诵读比赛、抄写比赛、背诵比赛、解读征文比赛等形式，提升成员的各种能力，取得了很好的效果。阅读推广，尤其在经典阅读中，要慢慢拒绝一次性的阅读推广活动，逐渐形成以阅读共同体为主的模式开展活动，以圣典阅读为核心，通过对圣典的精读，使成员在阅读共同体的日常活动中，锻炼其阅读能力、写作能力和其他能力，并将阅读形式固化，从而使成效不断显现。

（三）阅读共同体文化构建

文化是满足人类对精神需求的一种表现。说一个人有文化，是对他的赞美与肯定。组织有组织的文化，地方有地方的文化。文化是使一个群体能持续发展的重要标志。阅读推广要持续下去，需要有阵地。这些年的阅读推广，建设了很多具有浓厚阅读气氛的文化阵地。中国图书馆学会阅读推广专委会的网站、江苏高校图工委阅读推广委员会《书林驿》杂志、上海图书馆学会阅读推广专委会的《树懒的天空》等都是阅读推广的文化阵地。这些文化阵地能发布消息、树立阅读榜样、推荐阅读内容等，展现出各种各样的功能，成为读者联系的纽带。阅读共同体持续发展的重要支撑纽带就是阅读共同体文化。因此，构建阅读共同体文化是一项非常重要的工作。首先，创建阅读共同体发展的空间文化。王余光先生认为，创建经典阅览室是人文通识教育的重要途径。因此，在图书馆建设环境优雅的经典阅览室是阅读共同体建设的重要空间阵地。打造好阅读空间，使之成为阅读共同体成员聚集的常用之地，可以让所有成员有家一般的感觉。阅读共同体的空间文化建设主要是阅读共同体活动场所、阅读共同体阅读场所、阅读共同体圣典资源布置等。其中阅读共同体圣典要展现其各种版本及其历史、历代对圣典的解读以及对圣典的各种研究成果的汇集。公共图书馆以书院模式开展中华传统文化推广的书院建设，如福建省图书馆正谊书院、大连图书馆白云书院、山东省图书馆尼山书院等，就是非常出色的阅读共同体空间文化建设榜样。其次，制定阅读共同体制度。这些制度包括阅读共同体管理条例、阅读共同体成员发展策略（包含成员的档案建设等）、阅读共同体成员奖惩条例、新成员招募条例等。在活动的开展上，制定活动开展的流程，包括活动如何策划、如何实施和总结等。这些制度能使阅读共同体的活动和发展变得有序，并能使成员在阅读共同体中按照制度的要求，获得帮助和提升。最后，阅读共同体成果展示文化。成果展示有助于激励成员的积极性，形成一种榜样的作用。成果包含了成员获得的奖励、荣誉、典型事迹、各种写作演讲与表达的创作成果等。阅读共同体成果的展示形式有很多种：一是以新闻、海报的形式宣传，二是制作文化墙展示，三是编辑印刷专辑，四是召开成果表彰大会进行表彰。

文化的建设能使阅读共同体展现一种生气勃勃的态势，是促使阅读共同体持续不断的更新和发展的重要内容与手段，更能形成成员浓厚的归属感和凝聚力。

阅读共同体建设是全民阅读推广向纵深发展的一种体现。目前全民阅读推广下的阅读共同体，要建立在理论自信和文化自信的基础之上，以社会主义核心价值观的传承与发展为核心，找准阅读内容，寻找解读权威，建设阅读环境，形成阅读共同体制度与文化，才能一代一代永不消逝地传承下去。

阅读共同体：高校图书馆经典阅读推广新途径

从研究的进程来看，大学经典阅读推广分为三个阶段：经典书目推荐、经典阅览室建设、经典阅读推广体系的建设。第一个阶段是经典书目推荐，如梁启超、胡适在1923年应《清华周刊》之约开具的国学书目，[①]到后来1997年、1998年北京大学和清华大学为倡导素质教育，推出的《北京大学学生应读书目》《清华大学学生应读书目（人文部分）》，1999年王余光、邓咏秋的《名著的选择》80种，[②]再到叶鹰教授在2003年、2004年开出的30种《面向学生的推荐书目》及100种扩展书目。[③]经典书目推荐成为大学经典阅读推广的基础和引领，未来将一直持续下去。第二个阶段是经典阅览室的建设，王余光教授极力呼吁经典阅览室的建设，并认为经典阅览室的设立，一方面可推动大学生经典阅读，另一方面可促进大学开展通识教育，而阅读经典文本是通识教育的基础与核心。各级图书馆纷纷设立经典阅览室，如2013年深圳市图书馆的“南书房”、2015年同济大学开设的“闻学堂”等，阅读推

①王连君.梁启超与胡适两种国学书目之比较[J].图书馆学刊,2016(3):109-110,114.

②王余光,邓咏秋.名著的选择[M].昆明:云南人民出版社,1999.

③叶鹰.面向学生的推荐书目[J].图书馆杂志,2003(4):19-20.

广进入经典阅读空间建设和阅读氛围培养阶段。第三个阶段是经典阅读推广体系的建设，颇具代表性的研究成果是陈幼华等的《图书馆经典阅读推广体系与平台设计研究》以及朱原谅等的实践建设成果《“五维一体”的大学经典阅读体系构建与实践——以常熟理工学院为例》。这个阶段建设完全包含并延续了前两个阶段的成果，并增加了平台建设和评价制度，形成了经典阅读推广的有效体系。然而，经典书目推荐、经典阅读室建设、经典阅读推广体系的完善，都只是包含了图书馆自身服务的改善和环境建设的提升，并没有将读者阅读行为纳入其中，因此，存在的缺陷，就是无法获知读者是否有经典阅读过程，是否真正通读过这些经典并从中得到收获，因而无从获知经典阅读推广的效果。

为了达到经典阅读推广的效果，很多大学用素质学分的形式来推行经典阅读，如湖北大学、河海大学、东南大学等；甚至有大学不惜以通识教育学分的形式来硬性要求学生修读经典，如西南大学、南京大学等。然而其评价措施不尽如人意，被诟病的地方太多。另外还有以书院的形式借鉴永恒主义教育思想的中山大学博雅学院、重庆大学博雅学院精英教育模式，以及以单一经典研读模式开展经典阅读课程建设，如武汉大学郭齐勇教授开设的“四书”课程、[①]浙江大学胡可先的唐诗系列经典研读课程等，[②]该模式能够控制学生认真研读经典，深入探讨，但是其缺陷主要表现为受众面小、师资不足，无法满足研读课程全面铺开的需求。

综上所述，大学经典阅读推广确实存在很多问题。图书馆在前期的阅读推广活动中存在着广种薄收的行为，阅读推广效果无法把控。在课程建设方面，虽然效果突出，但无论是图书馆还是学校，在人力资源方面的压力，很难实现全面推动。因此，为了能够把控阅读推广效果，越来越多的经典阅读推广活动趋向于形成一种有组织的甚至是会员制的持续阅读活动代替原先单

①郭齐勇.我开的两类“四书”课程——作为通识教育与作为专业训练的国学经典课[J].中国大学教学，2012(9)：15-18.

②胡可先.唐诗经典系列课程教学改革的探索与实践[J].中国大学教学，2016(9)：45-49，69.

一的活动模式。常熟理工学院在实施“五维一体”的大学生经典阅读体系的几年时间里，在大学生中全面铺开了经典阅读，虽然取得了不错的成绩，但对于所有参与经典阅读的成员的阅读效果只能从宏观的数据上把控。经典阅读是否对每一个学生在阅读行为、阅读效果、思辨能力等方面产生了影响，其影响到底有多大，这些都没有具体的数据来源。在此基础上，常熟理工学院进一步深化阅读推广模式，探索阅读推广策略，建立了一种“阅读共同体”的大学生经典阅读推广模式。

根据阅读共同体的概念，高校图书馆可利用经典阅读实施阅读共同体。首先，经典是人类文明的核心所在，由于经典的权威性、普适性、耐读性，需要沉下心来阅读，经典是阅读共同体的最佳阅读内容。其次，高校的专家学者引领本领域的研究和发展，对本领域的经典非常熟悉并有深刻的见解，他们可直接成为阅读共同体导师团队，成为阅读推广中解读经典的引领者。再次，大学生是人学习和求知重要的阶段，他们的求知欲望是强烈的，并且他们都是同龄人，很容易因为相同的兴趣爱好和求知欲而聚合在一起形成阅读共同体。读者共同体是指其成员有相同或相似的阅读目的、阅读行为，情趣相投，倾向相近，以语言文字为纽带，有鲜明的群体归属意识的一个社会群体。大学生是最符合读者共同体所有特征的社会群体。最后，大学图书馆作为经典阅读推广的主阵地，有良好的阅读氛围和丰富的信息资源，并且具有良好的文献信息服务模式和阅读指导技能，是构建阅读共同体的重要平台。经典阅读已经集体化，各种各样的读书小组、读书会、经典讲座诵读在网络、校园和社区出现，阅读由私密的个体性逐渐向充满互动和双向交流的社会性转变，从而催生了对公共阅读空间的需求，而图书馆是最好的公共知识空间，应结合自身资源优势，积极整合各类相关资源，使自己成为经典阅读推广的基础。综合以上四点，高校是阅读共同体实施的最佳环境和场所。

高校图书馆通过阅读共同体模式实施经典阅读推广，要从体系建设、人力资源建设、实施目标、成果固化等几个方面做好工作。

一、经典阅读推广体系建设

一般来说，阅读不是一门可以谋生的技巧，它与职业教育有本质的区别。职业教育可以使人短期内获得一项谋生的技能；而阅读是人们无论在获取职业教育技能还是提升思想境界等方面都需要的，它伴随人生各个阶段。职业教育有成熟的体系，那么为阅读而进行的推广和培育工作作为终身教育的一种形式更需要体系的支撑。经典阅读推广体系是阅读共同体实施的前提。经典阅读体系的建设已经逐渐趋向完善。可以说，经典阅读推广体系建设是大树，而阅读共同体是开在经典阅读推广体系上的花朵，并为经典阅读推广活动结下丰硕的果实。因此，高校图书馆在阅读推广中要重视经典阅读推广体系建设。经典阅读推广体系应注重实体空间建设、推广平台建设、活动设计、制度建设、过程控制和效果评价等各方面的建设，为阅读共同体的实施打下坚实的基础。

二、阅读共同体人力资源建设

人力资源建设是实施阅读共同体模式的核心。就现状来看，阅读推广最大的问题还是人力资源问题，它要求人员必须有较高的素质，如较强的工作主动性、好的理念和创新能力、具有调动社会资源的能力。只有建设好人力资源队伍，阅读推广才能有好的效果。在实施阅读共同体模式建设中，高校图书馆需要自上而下建设立体式人力资源梯队，此梯队包括管理团队、导师团队和阅读推广人团队。

（一）管理团队

阅读共同体模式要长期持续下去，就需要有制度保障，以调动各方资源。而保障制度的建立依赖于一个强大的管理团队。高校图书馆可以通过学校图书情报工作委员会等相关组织建立管理团队，但最好能得到来自学校层面的支持，成立一个以分管校领导主管的以图书馆、学生工作处、团委、教务处、宣传部等部门一把手为核心的类似于经典阅读推广指导委员会这种形式的管理团队，并授予图书馆特殊的职责和主持单位权利，使其能联合各个部门分工合作，共同为提升全校学生的阅读能力和人文素养贡献力量。管理团队要为学校大学生经典阅读制定相关政策，并为学生的人文素养培养指明方向、设立目标，指导各个部门分工合作，检查经典阅读推广各个方面的实施情况，听取各个部门的工作成效汇报，解决实施过程中遇到的重大问题，为大学生经典阅读制定长期发展规划。

（二）导师团队

以往的阅读推广活动，为了达到更好的效果，总会邀请一位或者几位有分量的嘉宾来导读，从而达到一种所谓的名人效应。嘉宾的邀请一般都是随机的、不固定的，根据主题来选择。在活动中，嘉宾们一般都只是谈谈经典的内容、给人的某种启示或者一些读书的方法。这种零散的交流，对读者的阅读习惯以及其他各种能力的培养难以起到实质性的作用，而且一些嘉宾有时候准备不充分，甚至对经典没有好的把握和独到的见解，用一些话来敷衍，反而会引起读者的反感和不满。阅读共同体模式下，导师团队是整个阅读共同体的核心，是一个相对固定拥有高素质的团队。首先，导师对自己要解读的经典有足够的认知和独到的理解，才能将经典内容传递给读者。其次，导师需要有良好的阅读方法和技巧，并且拥有传递与培养读者养成良好阅读兴趣和阅读习惯的能力。再次，导师要有开阔的视野和丰富的知识，引导读者阅读与思考，促使读者通过阅读经典学会审思能力，使读者通过审思，吸收经典中的精华，形成自身的价值观、人生观和世界观。最后，导师的工作不是一次性讲座和导读，而是需要通过平台或者其他交流方式，经常抽时间来陪伴读者一起进行阅读训练。导师团队的建设分两个方面：一方面是导师的遴选，另一方面是导师的培训。导师的遴选应注重其思想品质，根据经典书目选择相应的德高望重的专家，尽量避免选择青年教师。导师的培训方面，主要是根据阅读共同体实施的各种事项和经典阅读推广的需要，对一些外在的技巧进行培训，使其行为契合阅读共同体的目标，从而避免成员对导师产生误解而造成导师的影响力下降或不足。高校图书馆要为导师团成员建立档案并分类管理，有条件的图书馆可以为这些导师成立专门的工作室，为导师提供物质条件和阅读以及学术研究的环境支持。这样一来，在实施阅读共同体活动时，图书馆能方便与导师取得联系，并邀请其加入活动中，从而形成固定的嘉宾渠道。读者在参与阅读共同体时，也会根据导师的情况以及自己的经验和喜好，有选择性地报名。学校应赋予导师相应的职责、荣誉和激励措施，以保证导师的积极性。因此，高校图书馆在建设导师团队中存在相当大的困难，最好以项目的形式争取学校的支持，在政策上、经费上获得保障。

（三）阅读推广人团队

我国现阶段非常重视阅读推广人的培育，从王余光等人主编、朝华出版社出版的两辑十二本阅读推广人培训教材到各种阅读推广人培育峰会的举办，彰显了这一点。国家图书馆原馆长韩永进认为，图书馆员是图书馆阅读推广活动的策划者、组织者和实施者，其相关能力直接影响着阅读推广活动的成果和实效，因此图书馆阅读推广活动离不开高素质的“阅读推广人”。阅读推广人素质的高低成为阅读共同体文化可否形成的决定因素。但目前阅读推广人在责任心、阅读素养和专业能力等方面都有所欠缺，无法在阅读共同体中引导成员理解经典阅读重要性，很难建立起有效的规则和统一的理念。在阅读共同体模式中，高校图书馆可以通过各种形式建立阅读推广人团队。首先，高校图书馆要设立阅读推广部，建设一支素质过硬的阅读推广队伍，使其成为阅读共同体发起和实施的大脑。其次，要联合学生工作处和团委，建立专门的阅读推广人队伍，它的主要成员应是各学院的分团委书记和辅导员，在其工作岗位职责中可以将经典阅读作为学生思想政治工作的内容。虽然高校辅导员担任阅读推广人有很多优势，但辅导员素质良莠不齐，需要选择高素质辅导员担任阅读推广人。另外辅导员被各种学生工作占据大量的时间和精力，自身的阅读时间和阅读习惯都难以保证，如何挤出时间和精力来阅读经典并引导和组织学生阅读经典也是需要解决的问题。再次，建立学生阅读推广人队伍。学生阅读推广人要选择有影响力的学生担任，主要应由学生干部担任。学生阅读推广人身兼两种责任：一是在阅读共同体实施中承担一些辅助工作，二是自己本身作为读者参与经典阅读活动，因此，学生阅读推广人选择的核心条件应是喜爱阅读经典并愿意为团体付出。三个阅读推广人团队形成一个小的梯队，广泛地调动从图书馆阅读推广人到院系阅读推广人再到学生阅读推广人的积极性，依靠院系团委和辅导员调动学生、学生干部带领学生成员积极参与，形成合力，很好地改变了以往图书馆阅读推广人独立行事、有劲使不出的盲目状态。

以上三个人力资源团队建设要围绕经典阅读而进行，尤其是管理团队，一定要树立以经典阅读为核心的育人理念，拥有通过经典阅读来培养学生阅读习惯、增强学生人文综合素养、提升校园文化氛围的坚定信心，同时加强和推进导师队伍和阅读推广人队伍建设，以保障阅读共同体的实施。

三、阅读共同体实施目标

在阅读共同体的概念中已经谈到阅读共同体作为一个团体，它的目标是培养读者阅读兴趣、阅读习惯以及提升与阅读有关的各种能力。要改变目前的阅读状态，使之向深阅读的阅读推广工作有三个路径：创造相遇、丰富体验、回归对话。根据这三个路径，阅读共同体有三个明确的目标：创造相遇，建立阅读习惯，提升审思、写作与表达能力。

（一）创造相遇

阅读共同体虽然是一种阅读推广的形式，但是它完全不同于以往的阅读活动。首先，它需要成员之间有一个相对长期的交流和互动。以往的阅读推广活动，可能导师和读者之间、读者和读者之间、阅读推广人和读者之间都会只有一面之缘，也就是说，只有在活动的当时，彼此之间才会有交流。但在阅读共同体中，图书馆阅读推广人联系好导师，联系相关院系阅读推广人，确立学生阅读推广人，确定实施时间和程序，发布通知，然后引导读者报名参与阅读共同体，确定参与人数，建立成员档案，然后开始实施。各成员都是团体的一部分，从阅读共同体的建立到阅读活动的结束这个长期的过程中，成员之间都能彼此认识、熟悉、交流、协作和相互鼓励。其次，阅读共同体注重各成员之间的成长，并记录各个成员的阅读过程和阅读成果。这与以往阅读推广活动注重参与人数不同，阅读共同体能真正提升各个成员的阅读能力和阅读习惯，并锻炼成员与阅读相关的各项能力如思考、写作、表达等能力。最后，阅读共同体通过管理团队建立稳定的激励机制。以往的阅读活动，有些活动有物质奖励，有些活动有精神奖励，有些什么也没有，而一般都只对表现优秀者实施奖励，从而导致活动的不稳定和成效不佳。激励在全民阅读活动中的作用明显，只有恰当地运用激励手段，才能尽可能地调动阅读的潜能，激发民众的读书兴趣，使全民阅读活动收到事半功倍的效果。阅读共同体有固定的激励机制，它对达到既定的目标或获得相关的成就的成员都给予某种意义的承认，如颁发证书、获取学分等，同时对优秀成员进行特别奖励。因此，在这个过程中，阅读推广人成为阅读共同体的枢纽，从而创造成员与经典的相遇，导师与成员的相遇，成员与成员的相遇。

（二）阅读习惯的建立

过去的阅读习惯培养，是每天阅读，并且伴随着经典摘抄、背诵和撰写阅读感悟，这样持之以恒，阅读习惯就养成了。在王余光先生编写的《读书四观》中，自孔子以来，历代圣贤、教育家、文人、儒士，无不以这种方式进行阅读和培养弟子。可以看出，这种阅读训练方式在我国一直以来都存在，只是在后来教育模式下慢慢被淡化了。阅读共同体借鉴古老的方式与现代的网络形式，丰富成员的阅读体验，并通过阅读行为的控制来训练成员形成良好的阅读习惯。共同体成员在导师的主导下，对阅读内容形成共识。阅读内容可以是一本书，也可以是一个主题的知识。但就作者本人的经验，基于阅读共同体的目标以及成果的检测公平起见，最好是同一种经典。这样做的好处是，成员共读一种经典，有利于相互之间的交流和探讨，彼此能相互监督和促进。在阅读习惯的培养上，多目标不断转移、多重信息的叠加、强刺激源等，都不利于专注力和习惯的形成，唯有培养对单一文本阅读时的单调忍耐力，才能建立好的阅读习惯。叶圣陶在阅读习惯的培育方面也说过这样一句话："试问，养成读书的习惯，不教他们读整本的书，那习惯怎么养得成?”[①]此语体现出整本经典阅读在阅读习惯训练中的重要性。目前有一些共读一本书的推广案例，如“同读一本书”“一校一书”“一城一书”，[②]还有网络共读，这些案例都停留在面上的宣传、策划和开放式阅读，未对阅读过程有任何监控、跟踪和效果评价等措施，也未从深层次中来丰富读者的阅读体验，因此很难深入改变读者阅读行为、培养读者的阅读习惯，其选择的内容也大多趋于热门书或者商业利益。显然，阅读共同体在阅读习惯的建立上具有封闭式培养和专注阅读的强大效果。基于此，阅读共同体要求成员根据阅读推广人发布的任务，每天阅读并做好记录，由导师导读与陪伴，在规定的时间内将整本书读完。成员通过每天的阅读训练，达到阅读习惯的养成和建立。这样要体现出阅读共同体的效果，实现培养阅读习惯的目标，阅读共同体实施的时间长度不能少于一个月，否则阅读习惯难以建立。

（三）审思、写作与表达能力的提升

能力的提升与习惯的养成其实是相生相伴的。阅读共同体不单单是一个兴趣小组，也不是一个松散的阅读社区，它是一个由导师引导的、由阅读推广人组织的、由共同阅读兴趣的成员组成并富有凝聚力的团体，其目标是要切实提升成员的各种能力。阅读共同体在成员之间的经典阅读中实现了回归对话和交流。在阅读共同体正式成立时，导师首先跟成员做一次交流，将经典阅读的意义、作用以及经典阅读方法传递给成员，鼓舞所有成员的士气，减少成员阅读经典的畏难和抵触情绪；阅读推广人应将阅读共同体的实施过程、注意事项和要达成的目标向成员阐述清楚。这是阅读共同体正式实施的第一课，目的是引起成员阅读经典的兴趣、促使成员开始思考经典阅读与素质培养以及人生发展之间的关系。导师应在接下来的阅读过程中，根据成员的阅读进度和内容不断提出涉及道德、人性等方面的问题，如善恶、仁义、

①李怀源.由叶圣陶“读整本书”思想谈小学整本书阅读[J].课程·教材·教法，2009(4):31-34.

②吴蜀红.“一城一书”阅读推广活动的考察分析[J].大学图书馆学报，2012(4):18-23.

智慧、意志力、爱情、亲情等，引导成员在阅读过程中进行思考、交流和探索，帮助他们建立积极的人生观、价值观和世界观。读者根据自己的时间安排，每天抽出空余时间自行阅读，在网络平台上公开发布自己的阅读内容和阅读感悟，并和其他成员互动、彼此之间相互鼓励、参与所有成员阅读内容和感悟的讨论及评价。导师在网络平台上每天关注成员的阅读进度并解答相关问题。阅读推广人根据需要安排所有成员线下集中进行面对面共同讨论阅读过的经典内容，交流阅读的体验和感悟。阅读推广人在这期间可以组织成员进行经典重现的相关活动，如经典片段的诵读、经典中一些场景的演绎包括舞台剧等等，加深成员对经典的理解和演绎，培养自身表达能力，同时增强成员的凝聚力、专注力和参与度。整本书全部读完之后，每位成员被要求整合每天的读书感悟，至少写一篇书评，交给导师评审并提出修改意见，选出优秀者。通过这一系列的实施过程，阅读共同体的成员不但可以收获每天坚持阅读的习惯，还能在阅读中不断思考、写作和交流，从而提升自身的思考能力、写作能力和表达能力。这种形式有助于培养成员的专注力，使成员学会如何在团体中共同相互关心、关注和协作来完成任务，并为共同的目标坚持和努力。

阅读过程结束后，每位完成基础目标的成员都会收获一种身份认同和精神鼓励。图书馆应准备一场汇报交流会，在阅读共同体中将成果一一进行展示，并对表现出色的成员分类进行奖励，如对阅读过程优秀、书评写作优秀、经典测试优秀、整体表现优秀等成员分别进行表彰。

四、阅读共同体成果固化

活动成果的固化有助于总结活动的得失，也有助于在未来活动中进一步改进和提高。通过成果固化，可将成员优秀和精彩的一面呈现出来，使其成为未来阅读共同体成员学习的榜样，从而使阅读共同体的精神和文化得以延续和坚持。

以往阅读推广活动成果大多数以照片、新闻稿、总结等形式进行固化，这些固化形式比较散乱。阅读共同体在建立之初，就为每一位成员建立了档案，成员的阅读过程、摘抄的笔记、参与活动的影像资料、撰写的书评等都有详细的记录。优秀的书评可编成小册子或者印刷出版。在经典重现中好的表现形式如经典片段诵读、舞台剧等，可以不断打磨固化，形成品牌，制作音频和视频资料供后来者欣赏和借鉴。高校图书馆要承担搜集整理这些固化成果的重任，并将这些成果以数据库的形式在平台上发布，供检索、浏览和评论。

在未来的大数据趋势下，每一次阅读共同体活动结束后，高校图书馆可以利用图书馆信息管理系统以及校园信息管理系统，追踪所有成员在大学时期的阅读表现，甚至将来可以利用互联网大数据追踪所有成员毕业后的阅读情况并获取成员的终身发展数据，利用这些数据进行分析，总结阅读共同体经典阅读训练效果，促进阅读共同体的改进和发展。

基于阅读共同体的大学经典阅读模式构建

根据阅读共同体的概念，最适合构建阅读共同体的领域是大学经典阅读推广。高校图书馆阅读推广人、专家学者、大学生、图书馆资源平台和空间构成了大学经典阅读共同体的主要组成部分。根据阅读共同体的目标构建来看，三大目标将体现在大学经典阅读共同体中：第一个目标是学校要提升学生的人文素养；第二个目标是图书馆提升资源利用率，发挥经典的最大效能，从而向大学生推荐阅读；第三个目标是大学生渴求获得更多的知识。这三大目标正是大学经典阅读推广的最终目标，是催生阅读共同体形成的原动力。综上所述，最适合构建阅读共同体的领域是大学经典阅读推广。

一、大学经典阅读共同体构建方式

构建大学经典阅读共同体的模式有两种方式：一是自上而下，二是自下而上。

（一）自上而下

自上而下的阅读共同体构建模式相对读者而言是一种外部推动模式。它依靠专家的权威及其渊博的知识、学校行政政策的推动力、图书馆阅读推广策略，以先入为主的形式，构建阅读共同体。学校为了提升学生人文素质，组成专家团队，通过图书馆阅读推广人的组织和策划，将学生以纳入的方式或者以报名参与的方式，开展阅读推广活动，学生可以通过努力获得某种荣誉或者奖励，从而实现阅读的目标。这种模式的构建在于它有很强的预见性，并且提前进行某种规定性，使得读者进入共同体之后，或由于知识的诱惑力、环境的良好构建、共同协作促进的良好氛围而产生了阅读兴趣，或迫于目标和规则的压力而必须进行阅读训练。自上而下模式针对学习自律性较差学生效果更加明显。

（二）自下而上

自下而上的阅读共同体构建模式是一种内部激励模式。学生组织或者学生个人为了实现某个目标、解决某个问题或者是纯粹的兴趣爱好所致，通过图书馆阅读推广平台表达阅读需求或者意愿，图书馆阅读推广人策划经典阅读活动，联络专家确定经典书目、发布阅读信息，其他学生报名进入阅读共同体，然后开展经典阅读活动，图书馆在阅读活动结束后评价并展示阅读成果。这种模式的构建在于它有很好的阅读基础，不需要费尽心思引导学生阅读经典，只需满足学生强烈的阅读意愿组织活动，并引导学生深入阅读和扩展阅读，从深度和广度两方面增加学生对经典的认识和研读。自下而上模式主要针对兴趣爱好相同的学生建立共同阅读圈。

二、大学经典阅读共同体构建条件

两种模式无一例外都需要来自硬件建设和软件建设两个方面支撑。

（一）硬件建设

硬件建设是支撑经典阅读共同体持续下去的物质条件。图书馆环境的建设和空间再造是硬件建设的主要部分。首先要建立环境优雅的经典阅读室，为了满足大量经典阅读环境的需求，就需要分类建设各具特色的经典阅读室，图书馆可以和学校各个院系、部门合作建立相关学科的经典阅读室，购置相当数量的经典复本，建造一个经典阅读的环境场。如浙江大学历时4年分批在各个院系建成多个阅读基地，形成良好的品牌效应。其次要建设多个小组研讨室，里面要配备完整的设施，包括要用到的仪器和设备等，提供阅读共同体开展研读活动之需。最后要建设录音室、表演室、成果展示或汇报区，为阅读共同体成员再现经典以及经典阅读传播推广提供条件。

（二）软件建设

软件建设方面包括人员配置、平台搭建和制度建设。人员配置包括专家学者的选择、图书馆阅读推广人的培养。图书馆可以根据经典所属学科分类，面向全校招募专家学者，从而形成导师团队，可以建立某学科大类导师团队单元，也可以建立某一种经典的导师团队单元，利用导师的人格魅力和知识水平，引导学生阅读、理解经典。图书馆阅读推广人也可以根据学科服务的模式，各自负责相关学科的经典阅读，但图书馆要选择有一定资历、有良好阅读习惯、有较强的组织协调能力的图书馆人作为阅读推广人，才能让阅读推广活动持续下去并形成推动力。在阅读推广人培育方面，最近几年从中国图书馆学会层面开始，各个层级不断推进阅读推广人的培育，阅读推广人系列教材也已经出版了两辑，颇具成果，但活动组织技能培训并不能代表本身文化素养的提高，阅读推广人的核心素质还需要阅读习惯、阅读兴趣、科研能力等各个方面进行提升。

平台搭建主要是借助于现代技术，为阅读共同体搭建一个交流、互动和信息获取的场所。平台搭建有助于阅读共同体成员之间随时随地进行交流，实时解决问题，发起讨论并完成阅读任务。它是沟通成员之间的便捷桥梁，并可以使活动的发起、实施、评价、奖励等阶段达到无缝连接。

制度建设是阅读共同体持续进行的保障。制度始终是为目标和任务服务，大学经典阅读应以学校人才培养目标为最高目标。阅读共同体应计划如何通过共同体单元来实现学校的目标，因此需要良好的制度建设作为保障以促使其持续发展。这些制度主要应包括大学经典阅读共同体领导机构的建立、导师制度建设、图书馆在阅读共同体中所处的地位和作用、阅读共同体单元推动者和负责人的职责、阅读共同体成员的筛选和控制、活动流程的设置、活动过程的细节控制等等。

综上所述，大学经典阅读是组建阅读共同体的最佳领域，其阅读共同体模式构建可由自上而下的政策制订方式进行，也可以自下而上根据阅读者的阅读需求和兴趣发起，而两种模式的构建都依赖于图书馆提供的硬件设施和软件设施两个方面保障。图书馆资源、平台、空间、制度，导师团队，阅读推广人、组织者，读者，是阅读共同体的四个核心部分，缺一不可（如图1）。读者，阅读推广人、组织者，导师团队，可以重新组合成不同的阅读共同体单元；而图书馆资源、平台、空间、制度是恒定不变的，可以通过不断升级和改进，以适合阅读共同体发展目标的需要，成为阅读共同体的基石和保障。

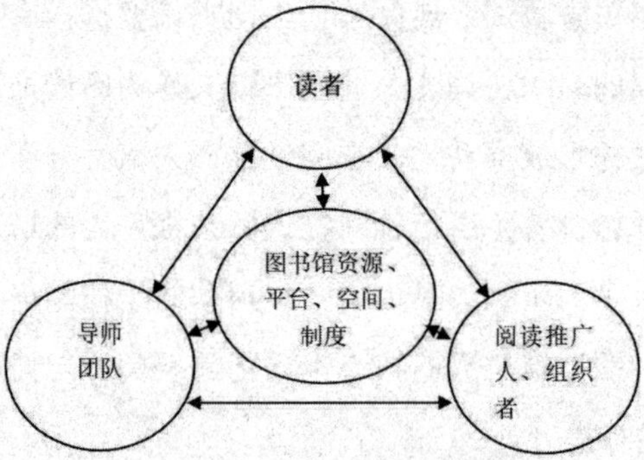

图1　大学经典阅读共同体模式

三、基于阅读共同体的大学经典阅读实践探索

阅读共同体形成的规范在于依托阅读目标的制订、阅读活动的策划和发起、阅读活动过程控制、阅读成果评价和成果激励等各部分形成一个的活动闭环。阅读共同体的具体实施可以根据阅读目标以项目方式进行。因此，在阅读推广中出现的阅读共同体，我们可以把它称作实践共同体。实践共同体有三个中心特征：是否存在可持续的共同体，包括共同的目标、信念、实践和经验集合；个体和他们所融入其中的共同体是不是更大的集合的一部分；

是否有机会沿着从旁观者、同伴到成熟的示范者这个轨迹前进，即从边缘参与者一直到核心成员。

常熟理工学院2015年成立大学生经典阅读工程指导委员会，实施大学生经典阅读工程项目，从而形成了一个持续发展的阅读共同体。《大学经典阅读工程项目章程》明确提出了以经典阅读引领学生素质全面提升、以经典阅读塑造学生完美人格、以经典阅读培养学生良好学习习惯、使经典阅读成为学生生活不可或缺的组成部分的建设目标和任务，于2016年成功建设“五维一体”大学经典阅读体系，以提升学生读、思、写、讲四项素质为指导，将目标、信念、实践和经验总结融入阅读共同体中。阅读共同体建设采用自上而下的方式建立，由学校层面全面发起倡议并组建，最终由学校成立的经典阅读工程指导委员会、导师团队、图书馆阅读推广人和全校大学生共同组成的一个团体，通过制度建设（包括经典阅读工程委员会章程、导师制度建设、图书馆环境构造、阅读活动的管理制度、评价机制、奖惩机制等）来使经典阅读共同体产生作用和影响力。2017年6月，经典阅读工程项目在正式实施一年并整体上取得良好的效果后，为了更进一步了解和评价学生阅读经典的过程，并能够更好展现经典阅读的成果，学校围绕经典阅读工程项目展开了阅读共同体单元的建设。针对2016级大二学生，提供了十本经典书单，每本经典配备了一位导师和一个阅读推广人（兼）。2017年7月，阅读推广人和导师事先共同商议阅读共同体单元的建设规划，围绕阅读活动的策划、阅读环境的营造、阅读过程的实施、阅读活动评价和成果的展示进行了探讨和前期准备工作，包括经典阅读室的建设、阅读研讨室的建设、活动平台的选择，活动开展的形式、活动效果的呈现、活动成果的评价等。试点工作于2017年9月份开学季正式开始，图书馆阅读推广人根据阅读共同体组建要求面向全校招募十个经典阅读学生小组，建设十个阅读共同体单元。在规则制定方面，阅读推广人分别召集每个阅读共同体单元的导师、经典阅读学生小组在活动开始之初进行一次深入的共同探讨，制定了初步实施方案和要遵循的规则制度。综合十个阅读共同体单元的规则和标准，整个阅读共同体实施的流程大致情况如下：第一，经典导师率先传授经典阅读方法与技巧（包含经典对人生意义的思考）、写作方法与技巧（包括书评）、诵读表达方法与技巧，通过技巧的训练来引导学生。这是一个破冰过程，它不但使学生了解经典阅读的意义，而且能很大程度消除学生对经典的敬畏感和恐惧感，从而使学生对经典产生亲近的欲望和初步的阅读兴趣。第二，由阅读推广人和导师引领，利用网络平台，每日发布阅读任务，共同体单元全体成员每日接受该本经典的阅读任务，差不多利用一个月的时间共同通读整本经典。阅读推广人只需每日关注成员的阅读进程，提醒并督促大家按时完成阅读任务。学生经典阅读小组在阅读过程中不断撰写书评和心得，提交导师评审。第三，阅读推广人根据实际情况，将成员阅读过程中遇到的障碍和疑难问题集中，以主题探讨的形式，组织阅读共同体单元所有成员包括导师一起开展面对面进行交流和探讨活动，并适时邀请共同体之外的专家学者加入指导和解读。第四，共同体单元所有成员一同策划一场面向全校的经典再现大型活动，活动一般放在阅读任务结束后，其内容大致包括优秀经典书评分享、导师谈经典、经典影视及作品赏析、经典相关资料展示、经典精彩片段诵读等形式，成为所有成员展示阅读成果的舞台。第五，所有进程结束后，学生经典阅读小组成员参与经典阅读测试，以考核所有成员是否认真通读整本经典。第六，学生经典阅读小组组长对共同体单元所有过程进行总结，对完成经典阅读任务的优秀成员进行表彰。整个活动在40~50天完成。一个学期以来，十个阅读共同体单元都圆满完成了阅读任务，达到预期的目标。受此影响，自下而上的两个共同体单元也在学期中段正式成立，虽然由于阅读推广人精力有限，效果不如前面的好，但这一可喜的情况出现，表明阅读共同体这一形式已经开始出现引领作用，也证明了实践共同体的特征：沿着从旁观者、同伴到成熟的示范者这个轨迹前进，即从边缘参与者一直到核心成员。阅读共同体有近一千人次参与，所有参与的学生成员全部通过经典阅读测试，受表彰的人数近一百人次；正式参与的专家教师十七人；实际负责组织和实施的阅读推广人只有两人。图书馆阅读推广人通过图书馆的资源整合、平台支撑、制度建设和各方联络，在阅读共同体中起着核心和枢纽的作用，使得阅读共同体充满了生机和活力。阅读共同体使大学生经典阅读推广活动产生了从量变到质变的转变过程。

阅读共同体是一个崭新的阅读推广活动的形式，它吸收了以往阅读推广经验，并融合了学习共同体和实践共同体的核心理念，以阅读推广人为枢纽，集合了阅读推广各方面的合力开展阅读推广活动，起到良好的效果。阅读共同体的产生和形成，使阅读推广不再是零散的、开放式的、效果不明显的活动，而成为有凝聚力、有身份认同感、相互协作促进、有连续性的活动形式。阅读共同体的核心领域在大学经典阅读推广中，经过大学经典阅读推广实践后，形成一种稳定的阅读文化和实施规范，可以推广到整个全民阅读进程中去，对实现全民阅读修养和文化素质的整体提升有积极意义。

实践的初步探索：高校经典阅读工程建设

一、高校经典阅读

经典代表着人类文明发展的最高成就，是了解人类文明发展里程的便捷途径。经典名著所提供的知识是一种普遍知识，让学生习得这些知识是大学教育的主要功能。换言之，大学所提供的不应该是一种专门知识或技能，因为这些东西可以从专门的研究所或职业培训所中获得。大学应该与职业培训所和研究所分开，大学要传播普遍知识、解决思辨问题。培养人才是大学的重要使命。目前，国内外的很多大学都在推行本科生的通识教育，通识教育强调科学教育和人文教育的融合培养，目标是促进人的全面发展，特别是人格的发展。北京大学高等人文研究院院长杜维明教授指出：通识教育的核心就在于阅读经典文本，逐字逐句地阅读。[①]通识教育的基本途径是经典阅读，通过经典阅读，人活着就不是作为孤立的个人活着，人同时作为一个被人类精神浸润的个体而活在人类整体之中。在这个意义上，通识教育之培养通人

①肖伟光，陈冀，邬蕾，等.经典阅读与生命关怀——杜维明教授访谈[J].北京大学研究生学志，2010(4)：11-14.

(而非通才)，乃是指通达人类精神的健全个人。缺少这种经历，个体很难真正上升到普遍性。北京大学信息管理系王余光教授也认为：经典是必备的知识，现代人文素质的培养就应该从阅读传统经典开始。[①]中国韬奋基金会理事长聂震宁认为：经典的作用就是典范的意义，你把它读懂了，就能成为你的一种本领，并能用在工作和生活中。[②]

美国芝加哥大学从二十世纪三十年代开始实施经典阅读。芝加哥大学校长赫钦斯开设名著阅读课程，并推进了名著阅读运动。我国有胡适、梁启超两位先生先后为国学经典开出必读书目。[③]目前有许多高校的通识教育，在开设经典阅读，如北京大学元培学院、复旦大学复旦学院、中山大学博雅学院等。其他国内各个高校也都在开展经典阅读课程，或选修，或必修，引导青年学子阅读经典，但是涉及面较窄，很难得到普及。很多高校学子在家庭教育和中小学教育都没有感受过经典阅读教育，经典阅读有限。在笔者的经典阅读课程中，很多学生在被问及经典时，只知道四大名著，对推荐的一些经典书目闻所未闻。虽然近年阅读推广活动如火如荼，大量的阅读案例在阅读峰会上交流，但是对于阅读活动的效果分析很难把握。在效果评价上，2015年6月在镇江召开的全民阅读峰会上，北京大学王波教授对阅读活动的效果评价说了一句话：目前读书活动开展的效果，只能等到十年后校友回馈时才能知道是否有效。这使得经典阅读推广活动像是海市蜃楼、雾里看花一般，感到虚无缥缈。为了使经典阅读能落到实处，可控制、可操作、可获取实效，有必要在高校强制实行经典阅读工程，在各个层面上推广经典阅读，这样既能使高校学子亲身体会经典阅读，又能产生强大的阅读效果。

二、高校经典阅读工程设置

在高校里推广经典阅读必须设立长效机制。在课程设置方面，应有一批涉及多个学科的经典导读课程长期供学生选择；在任课教师方面，应选拔一

①王姗姗，王余光．传统经典阅读的当今意义[J]．中国图书评论，2004(6)：4-7.

②何凯．经典阅读魅力何在?[J]．出版广角，2014(10)：39-41.

③赫钦斯．美国高等教育[M]．汪利兵译．杭州：浙江教育出版社，2001.

批学养深厚、对经典著作有深入研究、讲课受学生欢迎的教师长期担当主讲人，同时担任图书馆经典导读讲座的主讲人；图书馆组织的经典导读讲座也应当像文献信息检索与利用讲座一样，常年定期举办；图书馆组织的经典征文评选活动也应当坚持每年定期举行。这种方法的效果依然得不到保障。高校经典阅读是一个系统工程，还必须有一个更加详尽的方案，更加细致、强大的模式进行控制，才能逐步推进高校经典阅读。

（一）经典阅读工程课程设置方案探索

我们在经过十年的阅读推广探索后，于2015年推出大学生经典阅读工程方案。方案内容如下：①选定30本经典书目为在校大学生必读书目。②为每本书选定一个导师或者一个导师团队。导师为该书录制阅读辅导视频教程，并做好辅导课件。导师进行大学生日常阅读的网络在线指导，组织该书的书评、读后感的评选工作，以及本书的阅读交流互动活动。③导师结合图书内容，为每本书完成客观题的命题工作，建立阅读考试系统题库。④30本书按照难易程度进行递进分为三个等级，分别对应大一、大二、大三，每个年级只需读为本年级设定的十本经典书。读完一本书之后参加该书的经典阅读在线考试，由阅读考试系统在这本书的题库中自动抽取100道题组成试卷考试，学生可以多次参加同一本书的考试，最终成绩为多次考试中的最高分，计入档案。⑤经典阅读设为全校学生必修课，读完30本经典书并考核合格者给予相应的阅读学分，准予毕业。

与很多学校经典阅读不同的是：首先，这个方案的重点在于一种强制性措施，用全校必修学分来要求所有的学生必须选择经典阅读这一门课程，并且每个学期都要阅读一定量的经典。如此一来，学生在校期间能广泛阅读各种经典，并参与阅读活动，使学生不得不将空余时间的一部分用来阅读经典，在全校全面推行经典阅读，从而使学生养成一种良好的习惯。其次，这个方案建立了一整套的阅读生态系统，从导师指导团队、图书馆资源保障、考试系统设置环节、读书活动，一系列的阅读规划活动，促进经典阅读活动的发生和蓬勃发展。最后，经典阅读考试系统的设置，检验了学生是否阅读了这些经典。公开的考试系统，学生随时随地可以考试，这种方式受到了很多质疑，认为学生有可能作弊。这种担心其实不必要的，考试系统中每本书的1 500道试题库形成的试卷，作为一部二十万字到五十万字左右的经典书，几乎每个段落涉及考题。拿二十万字的书来讲，一百来字就可能有一个试题。所以，在1 500道题的题库催动下，这本书所有的知识都将涉及，而且考试是公开的。这种模式真正的理念是以考代阅，重点不是考试，而是让学生边考试边阅读，等做完这些题目，这本书的基本内容和思想差不多就熟悉了。考试几乎就像是游戏，考第一次成绩不理想，来不及做完，还可以等再次熟悉书的内容后，考第二次，并且可以多次考试。学生在考试做题当中可能对这本经典的某一句话、某一种思想观点产生共鸣，从而再回头抽时间来细看这本书，仔细揣摩，结合自己的体验，产生新的思想和观点。这些方方面面的措施，都围绕着经典阅读进行，并产生效果。

以上这些内容在以前的经典阅读活动中极少出现，即使出现了也只是其中的一部分，没有做到整体地、系统地、全方位地开展。我们希望通过这样一种形式，推动高校本科生全员参与经典阅读，提升智慧。

（二）经典阅读工程方案实施保障体系构建探索

经典阅读工程方案实施需建立多重保障体系。保障体系大致可分成三个部分：一是管理支撑。学校成立大学生经典阅读指导委员会，校主要领导直接负责，任经典阅读指导委员会主任，学生处、校团委、教务处、图书馆、宣传部以及相关院系主要分管领导担任委员，各部门通力合作，支持、负责和指导经典阅读工程建设。将经典阅读写入大学生培养计划，设置经典阅读课程实施细则，建立奖惩制度以及其他相关的制度。二是资源保障。图书馆为经典阅读提供足够的纸质复本数和电子阅读途径，主要提供经典阅读场所(包括经典书目以及扩展阅读书目的复本数和经典阅读阅览室）和电子文本的获取，保障读者随时随地都能获取资源进行阅读。三是经费保障。学校设立经典阅读专项经费，通过前期的投入，每年经费的持续投入，为资源获取、阅读环境建设、导师课程建设、配套阅读活动的开展、阅读考试系统的开发维护等提供专项经费保障。经费的投入是经典阅读工程的重要保障，必须保障持续投入，做好每年的资金保障计划。很多经典阅读活动的开展主要是因为活动的不连续，导致经费保障的不连续，从而形成了一种碎片化的活动，成效难以显现。

（三）经典阅读氛围营造

经典阅读氛围营造主要是针对经典开展各种相关的活动，使学生们在阅读经典的同时，不觉得阅读经典是一件枯燥干瘪的事情，而是充满了热情、向往和渴望的行为。

经典阅读活动的开展要使学生能够学以致用，让他们在思想上得到满足，在精神上得到丰富，并且能够展现自身，得到相应的荣誉感。因此，经典阅读活动的开展必须以能够培养学生三种能力为目标：第一是阅读和思考的能力，第二是写作的能力，第三是演讲的能力。

活动的组织部门主要为宣传部、学生处、校团委、图书馆以及教务处。宣传部加大经典阅读宣传力度，学生处、校团委大力组织相关经典阅读活动，图书馆保障经典书的借阅需求，教务处建设经典阅读精品课程，各部门通力合作，潜移默化地让学生认识到，大学生应以拥有经典的知识为荣，通过经典阅读更加深入地认识世界、认识自身。

活动开展的方式很多，如：就某一种或者某一类经典进行朗诵活动；就经典中的某一观点开展的主题辩论或者主题演讲活动；读经典书评征文大赛；读经典舞台剧演出；共读一本经典谈论交流会；经典阅读之星评比大赛等活动。每一项活动都设立奖品和证书。

通过这些活动，营造阅读明星、辩论明星、写作明星等，校园海报、网络平台上到处都是经典书以及经典阅读的读书评论和感悟，年轻人在那里进行交流，建立起良好的阅读氛围。

三、经典阅读工程实施中的重点环节

经典阅读工程必须有计划、有组织、有步骤地进行。在实施的过程中，有几个环节要重点建设：确定书目、阅读系统建设、导师团队建设。

（一）确定书目

经典书目是整个经典阅读工程的基础。学生应该读哪些书，怎样进行考核，怎样达到比较好的阅读效果，都涉及经典书目的确定。考虑到经典阅读工程的设置，只能有选择地确定三十本经典阅读书，所以也涉及很多经典书目的取舍。

在经典书目设置过程中，常熟理工学院经典阅读工程项目小组经过长时间准备，走访了各个学科的专家学者，借鉴了兄弟院校的经典书目设置经验，从中筛选了一百种经典书，最后由学校各学科专家审定三十种书。经典书目审定主要依照以下两个方面的依据来进行。

1. 经典书应具备的特征

经典性：必须经过千百年的洗练，经过历史沉淀而流传下来的书，现当代流行书一般不予考虑。

人文性：选择图书注重人文素质的培养。

可考核性：每本书都要出一个大型题库，因此要考虑到书的篇幅，必须能够达到出题的篇幅，一般在20万字到50万字为宜。篇幅过长的大部头经典书目，需要长时间阅读，不在入选之列。

可拓展性：选择的书要有可延伸性阅读的大量相关书目，能够使读者在读完这本书后还能获得相关书的关联性阅读。如读了“四书”，为了更加深入了解，可能需要去读注释版本。

可表演性：书中的内容要有能改编或者进行表演的可能。这主要是依据读书活动的开展来议定。如哲学著作可以改编成对话的形式，小说、诗歌等可以改编成舞台剧，或者以某个主题展开辩论或演讲等。

2. 经典书选择的原则

经过专家组讨论，确定经典书选择的原则，有以下四个：一是普适性原则，书目不但要文科生能认真去读，而且要理工科学生能认真阅读下去；二是去学科化，没有明显的学科倾向性；三是具有强烈的思想和价值观；四是主要经典包含在文史哲中。

经典书的选择特征和选择原则决定了并不是所有的经典都能被选入课程设置中来。还有一大部分的经典书，尤其是篇幅短小的经典书，很难进入这个书目中来，如卢梭的《论人类不平等的起源与基础》没有入选，《论语》《孟子》《大学》《中庸》由于篇幅短小而集中用了朱熹的《四书集注》。还有一些晦涩难读的经典也被筛掉，如康德的《纯粹理性批判》《国富论》等。另外，有一些不符合主流价值观的经典也被筛掉。经过甄别筛选的经典，总体来说适合大学本科生阅读。很多被筛掉的经典都进入了扩展书目中，将在阅读活动中作为推荐书让大学生阅读。

（二）阅读系统建设

经典阅读系统建设包括经典网站建设和考试系统建设。它是整个经典阅读的技术支撑体系。网站的设计必须考虑到各个终端的访问，手机、台式机等能成功通过网络访问经典阅读网站。学生通过对经典阅读网站的访问，可以了解自己当前要阅读的书，并可以从网站中获取阅读内容，可在线阅读，也可以离线阅读。导师在网站上发布书目导读文本和视频，学生可以通过登录网站而和导师取得互动，还可以和读同一本书的同学共同讨论，发布读书心得。网站及时发布各种读书活动，同时让学生积极参与和组织这些活动。在学生读完一本书时，可以直接通过网站进入考试系统考试。考试系统的设计必须具备题库建设、试卷形成、自动考试、自动阅卷评分、成绩评优统计等各项功能。

考试系统和经典阅读网站需要很高的技术要求，各个方面都必须充分考虑到，要遵循人性化原则，使读者能够融入其中，并在阅读中感受到愉悦的心情。

（三）导师团队建设

导师团队的建设是经典阅读工程可持续发展的重要力量。每本书形成一个导师团队，由一位专家教授带队，培养几位青年教师共同负责这本经典书的系统建设。这个团队要负责试题库的建设、导读建设（包括幻灯片、视频、答疑等）、读书交流活动的辅导和设置、扩展阅读的建议和导读等各方面的事务，这些都需要这个团队以极高的热情来进行工作，引导经典阅读。因此，导师团队的建设需要一个有凝聚力的教授为核心，该教授要对这本经典书有极高的认识和研究，并对这本书的研究保持极高的热情，并愿意不断将自己对这本书的认识和见解同大学生读者进行交流与分享，同时指导团队的青年教师围绕这本经典所涉及的内容和主体等各个方面进行深入研究、扩展研究，这样也可以为青年教师的科学研究带来新的课题和研究方向。导师团队应成为高校经典阅读的导火索，引导大学生们热情加入经典阅读中来。

经典阅读的热潮已经在全国掀起，高校作为经典阅读的主要阵地，须采取一些必要的措施，率先为经典阅读播下一颗优秀的种子，让高校学子养成一种良好的阅读习惯，建立良好的校园读书氛围，使大学生毕业之后也能带动经典阅读在家庭、单位乃至整个社会持续进行下去，才能使中华民族整体文化素质得到提高，中华文化和世界文化得到弘扬。常熟理工学院经典阅读工程就是正在进行的试点，其效果和作用，我们将持续关注。

实践的深入：解题阅读

大学生经典阅读，是大学生通过对经典文本的阅读，利用自身的经历、经典导读和对经典文本的理解，在阅读的过程中完成意义构建，提升人文素养，从思想认识上达到理解自身、理解社会和理解世界的一种阅读行为。我们常说的经典，是指那些具有重要影响的、经久不衰的著作，其内容或被大众普遍接受，或在某专业领域具有典范性与权威性。阅读传统经典有重要意义。大学生经典阅读是一种提升大学生人文素质的阅读或者教学活动，再往上，可以提升为大学生道德品德教育。道德品德教育是相对于另一种品德教育（又叫绩效品德教育）而言的。绩效品德教育是发展学生才干、技能和能力所需要的教育，又称为职业技能教育。而道德品德教育是一种伦理方面的指南针，倾向于让学生拥有诚实、体贴、公正、遵守、合作这样的特质的一种教育模式，它指引着学生绩效品德的追求和表现。大学生经典阅读相当于道德品德教育中的一种实践表现，也是关怀大学生人文素质提升的一种重要措施。

一、大学生经典阅读：同化和顺应

同化和顺应是图式理论中的为适应新的环境而进行的两种图式调整方式。根据图式理论的观点，人脑中所贮存的知识都是由一个个单元组成的，这种单元就是图式。现代图式理论是关于知识贮存与应用的理论，图式是不断发生作用的既存知识结构，遇到新事物时，只有把这些新事物和已有的图式相联系，通过同化和顺应，才能被理解。[①]大学生经过中小学阅读技能的锤炼，掌握了一套阅读图式。这种阅读图式是基于对经典文本的理解，并以背诵、阅读理解考试等方式进行最后的阅读效果测试。经典文本的内容也是琐碎的和片段的。在掌握并习惯了这种阅读图式之后，进入大学里的大学生们，如果没有有效的阅读措施和阅读活动，他们将一步步抛弃这种阅读模式和效果的测试方式。经典阅读活动的出现，使大学生重新对阅读图式进行塑造。考察大学生在阅读经典文本时，可能将遭遇到几个问题：第一，是否利用自己原有的阅读图式来同化经典阅读？大学生在阅读经典时是否会出现这样的场景，看看专家的经典推荐书目，记住经典书的书名，看一下导读或者内容概要，然后随便翻一翻书中的内容，就开始在阅读交流活动中夸夸其谈。没有考试，学生对经典不管是文本的掌握还是意义的理解不再那么在意，而多数只是蜻蜓点水，处于朦胧状态。其原有的图式将被打破，无法建立一个新的阅读图式。第二，是否顺应一种新的阅读图式？大学里只提倡多阅读经典，但学生是否去阅读或者通读整本经典，没有强制力来约束，是无法获得阅读效果的。如果没有正儿八经的经典阅读课程，经典阅读就是一种没有效果的随便翻阅，难以建立新的阅读图式。散漫自由没有约束的阅读方式在大学生经典阅读中是不适合的。读经典，必须是深阅读，有些经典甚至必须抓住每一段文本，进行认真细致多方位的解读。

在图式理论的指导下，顺应也不是一种全新的、完全抛弃原来的图式进行顺应，而是一种类比迁移式的顺应，在原有图式的基础上进行加工形成新

①丁毅伟.基于图式理论的阅读理解研究[J].黑龙江高教研究，2009(11)：197-199.

的阅读图式。大学生经典阅读，必须给大学生一个强有力的环境，在新的环境中顺应经典阅读图式。

二、一种新的大学生经典阅读激活模式：解题阅读

解题阅读是一种针对大学本科生的经典阅读模式，其基本含义是在解题引导下开展阅读。实践过程是读者阅读导师对经典书的导读之后，对经典完成至少一次全文本通读的情况下，凭借对经典文本的理解程度，以自主考试的方式，在全客观题的题库中进行测试，读者可以对经典反复阅读，多次考试，加深对经典文本的理解和熟悉程度，取得高分，并撰写阅读心得。

（一）图式的延续，解题引领大学生经典阅读

经典阅读的训练在中小学已经形成了有效的图式。在大量经典片段的教学中，学生对经典阅读有了一定的经验和技巧，并通过中考和高考的测试模式体现出良好的效果。在中小学标准化测试模式下训练出来的阅读图式，阅读效果展现得非常好。这种阅读策略主要集中在导读和测试两个方面。导读主要来自教师对经典文本的解读，测试主要考核学生对经典文本和意义的阅读理解，两个方面的结合促成学生对经典的掌握和理解。在中小学教材中，经典片段如《红楼梦》中的《林黛玉进贾府》，《三国演义》中的《杨修之死》《群英会蒋干中计》《火烧赤壁》，《西游记》中的《三打白骨精》《大闹天宫》，《水浒传》中的《三打镇关西》《武松打虎》，等等，教师对这些经典片段文本以及其背景进行解读，训练学生经典阅读的技巧和方法，并通过测试达到良好效果。

大学生阅读模式并未发生翻天覆地的变化，中小学形成的阅读图式将支配其一生的阅读模式，它也将对大学生经典阅读产生积极的影响。应该寻找一种有效的方式，延续和激活大学生原有的阅读图式，并在新的环境中加以同化，形成一种新的阅读图式。通过解题阅读可以延续并建立大学生新的阅读图式。由于在中小学对经典片段的阅读教学建立了良好的阅读模式、阅读习惯和阅读技巧，大学生将很快激活这些图式，参与整本经典的阅读中来。

事实上，标准化测试也从未离开大学生学习环境，对外语语言的教学效果测试一直在使用标准化测试。目前，必须以强而有力的措施，来切实提升大学生对经典知识的掌握，进一步将经典融入生活，从而提升大学生人文素质。强力实施解题阅读，能有效解决大学生经典阅读的阅读效果评价问题，而且能很好地激活原有的阅读图式，使中小学的阅读图式继续在同化和顺应中进入大学生阅读图式。

（二）大学生经典阅读解题模式实践

解题阅读的核心部分是标准化测试。而其关键是要建立一个好的导师团队。导师团队必须是对经典有很深的领悟，并由专业教学技能和教师师德方面十分优秀的教师组成。在解题阅读中，导师团队的建设是服务于标准化测试的，是标准化测试的基础。第一，导师必须对经典十分了解和熟悉，能对经典进行各方面、各种角度的解读；第二，导师必须为经典文本进行标准化题库的建设，对题型、题目内容、各种题型结构进行全方位的把握，建设一套结构合理、测试效果突出的标准化题库；第三，导师要参与指导组织各种经典阅读活动，包括经典讲堂、经典书评写作、经典讨论、经典诵读乃至经典编剧演出等活动，以加深大学生对经典的理解，促进经典阅读校园文化建设。

这种新型的经典阅读模式实施的措施分几个阶段：第一阶段，经典书目的选择；第二阶段，经典导师团队的组建；第三阶段，经典题库的建设；第四阶段，经典阅读平台的建设；第五阶段，经典阅读项目的宣传；第六阶段，经典阅读项目在大二、大三进行测试；第七阶段，经典阅读项目正式在大一新生中实施。项目实施的前期基础来源于常熟理工学院思政通识课的标准化测试。思政通识课标准化测试平台经过近十年的努力和实践，已经建设成为一套行之有效的标准化测试平台，并已经在多所高校运行，取得不错的效果。新型经典阅读平台在此基础上进行大幅度改造，拥有五大特色：①经典阅读平台承载一个整体的功能，包括经典书的电子阅读（解决图书馆副本量不够的问题）、经典测试系统、经典导师导读和网上视频、经典阅读活动的发布系统、经典书评发布系统、阅读交流网上互动等，囊括了有关大学生经典阅读的各个方面，达到经典阅读一站式服务的要求；②经典题库只着重学生对文本的掌握，所有的题库的答案都是标准化的，在书上都能找到答案，通过标准化题型来测试学生是否用心通读了经典文本；③测试随时随地，只要有网络就可以进行，没有监督，没有监考，通过对考试时间的限制，做完试题所剩下的时间已经不多，允许学生通过文本阅读的印象用各种方式去对少部分答案不明确的题目进行更正；④经典题库的测试不是一次性测试，学生在规定的日期内可以重复多次考试，每次考试通过题库重新组卷，最后的考试成绩取所有次数中的最高分，从而降低了学生对考试的恐惧心理，以一种轻松自由的状态但又带着小小的任务来阅读经典、掌握经典，在这种情况下，热衷于某本经典的学生可以不断刷新测试分数，并不断深入阅读该经典书，达到对经典文本的熟练掌握，从而在纵深方向展开对经典文本解读的探求；⑤在通过导读、阅读和测试之后，将有一大批的经典爱好者形成情怀，想法喷薄而出，达到不得不说、不得不写的状态，在这种情况下，经典阅读平台提供书评写作、导师交流等途径，促进各种经典阅读活动蓬勃开展，大大提升校园经典阅读氛围。

三、解题阅读是鉴定经典阅读效果的有效措施

大学生经典阅读一直苦于无法对阅读效果进行有效的评价和鉴定。阅读效果的鉴定在中小学阅读教学中有以下几种方式：背诵经典；阅读理解测试；根据文本阅读写读书心得。中小学课文一般都是经典片段，因而在背诵上难度不大，但对于整本经典而已，背诵起来需要有强大的毅力和耐心。背诵不是不可以，如《论语》《老子》《唐诗三百首》等经典是可以用背诵的方式进行测试，但对于《红楼梦》等大部经典，背诵消耗的时间不是一般人能够承受的。解题阅读形式活泼，其标准化测试和书评的写作是比较可取的阅读效果鉴定方式。对经典文本越熟悉，在标准化测试中得分肯定越高；对经典能够全方位掌握，写出来的书评就精彩。因此，解题阅读非常适合大学生经典

阅读，并能有效检测大学生对经典的阅读效果。

《图书馆经典阅读推广》一书列举了很多经典阅读推广的方法，有经典推荐、经典演绎和综合性方法，对于活动效果的评估，认为经典阅读推广的评估最常见的是活动中的问卷调查，但这远远不够。[①]这说明目前的经典阅读活动没有一个有效的评价机制。

另一研究结果显示：目前我国部分高校开设了阅读学分课程，取得了一定效果，其内容和考核标准集中在以下两个方面：写书评给学分（包括公开发表作品，读书札记、心得体会等）；参加阅读活动得学分（包括文化素质教育讲座、读书沙龙等）。这种评价方式说到底，谁也不知道学生是否通读了经典全文，如果没有巨大的人力来对书评进行评价，仅仅只因为提交书评就能获得学分，是不够严谨的。对于这些交上来的书评，说得严格一点，百分之八十以上会有违规现象。根据笔者的经验，笔者曾经在一个学院要求学生阅读某个经典书目的书，必须提交经典阅读书评参与书评征文大赛，收到的一千多篇经典书评中，通过网络查重，重复率60%以上的书评占七成以上。

目前对经典阅读推广最终的评价措施是有很多种，学位学分、素质拓展学分、综合测评分等都可以作为评价措施。学位学分和素质拓展学分是要求所有大学生都应阅读经典并通过考试的措施，成为一种硬性的规定。综合测评分是一种激励措施，激励学生阅读经典，学生处通过比较学生测试分数的高低获得不同等级的综合测评分，从而在总的综合测评分基础上加分，获得高等级经典阅读综合测评分加分的同学可以轻易超越没有阅读经典综合测评分的同学，并可以跳跃式获取高等级的学校奖学金。在书评写作效果鉴定中，评价措施也适用于激励模式，通过获得校级、院系级等级别的征文奖励来激励学生把自己阅读经典的心得体会呈现出来。解题阅读是一种适合于综合测评分的模式。

解题阅读可为大学生的素质培养带来系统性的变化。这种变化表现在读、写、讲三个方面。围绕解题阅读，形成立体式的经典阅读模式。通过测试促

①李西宁，张岩.图书馆经典阅读推广[M].北京：朝华出版社，2015：20，124.

进阅读，促使大学生接近经典、阅读经典，形成经典阅读的习惯。通过书评活动，激励学生在阅读之后写感想，写心得，提升写作技巧和方法。通过读书活动的举办，由导师向读者传递阅读、写作方面的技巧和方法，并通过阅读交流活动，锻炼学生朗读、诵读和演讲的技巧。通过三个方面的训练，有效提升大学生对经典的掌握和理解，并逐步形成自己的思想，从而通过经典重新塑造自己的人生观、价值观和世界观。校团委和图书馆要做好阅读活动的组织工作，尤其是图书馆在资源建设和阅读环境上要花大力气，建设一间典雅、书香浓郁的经典阅览室，给学生营造浓厚的校园经典阅读氛围，从而达到提升学生人文素养的目标，培养新一代高素质人才。

四、解题阅读是大学生经典推荐书目的延伸

说到经典阅读，不得不提经典阅读推荐书目。经典阅读推荐书目的作用要远远高于目前高校大学生举办的各种经典阅读活动，它使读者能够分辨出何种书才可以当作经典来阅读，从而可以选择自己喜欢阅读的经典。中华民族经历无数次经典书目的推荐、审定，有元代程端礼的《程氏家塾读书分年日程》详细地开列了应读书目和读书次序，张之洞的《书目答问》，梁启超、胡适的经典书目，当代经典书目颇多，有叶鹰的三十本经典基础书目和一百本扩展书目，北大、清华两份推荐书目，王余光的各种书目，王波的新生书目等。经典书目作为经典阅读的敲门砖，是非常有价值的，但是仅仅列好书目，没有后续强力的跟进措施，要想获得好的阅读效果，提升大学生人文素养，只是一句空话。

唐瑾提出四项建议：第一，贯彻落实《关于实施中华优秀传统文化传承发展工程的意见》，强力推动高等院校学生经典阅读和传统文化教育工作；第二，确立并突出经典文学课程作为专业基础教学的必修课地位；第三，制定有效的评价激励和引导机制，着力推动经典阅读和中华优秀传统文化的教学

工作；第四，为培育大学生阅读经典的习惯和能力搭建平台，活跃环境。[①]

解题阅读是笔者所在单位经历十几年经典阅读推广之后，从经验中总结出来的一种必须以强力措施推进的大学生经典阅读方式。它是解决推荐书目后续阅读效果的有效办法，也是衔接中小学和高校经典阅读效果评价的有效措施。目前，常熟理工学院大学生经典阅读工程项目在综合了先辈和当代名家的书目，根据特定的取舍原则，选择了三十本人文经典，纳入标准化测试之中。通过阅读和测试一系列的过程，它使开具给大学生的经典书目真正变成必需每本通读之书目。青春后期的大学生，是道德教育的最后阶段，需要进一步加强人文素养教育。通过解题阅读这种强有力的措施来使大学生利用大量的闲暇时光阅读经典，丰富大学生的精神世界，是非常可取的。

解题阅读在高校经典阅读中是一种行之有效的模式，是很有优势的一种阅读效果评价的模式。它不同于一般的考试，它以一种活泼而不紧张的考试形式，影响大学生去真正通读经典，养成良好的经典阅读习惯。目前，经典阅读在提升全民人文素质中显得越来越迫切，来自中小学的经典阅读测试图式给高校经典阅读奠定了良好的基础，从而使得大学生解题阅读实施起来更加适合我国国情。基于解题阅读的立体式经典阅读模式，或许是一个值得推广的全新大学生经典阅读模式。

①刘海颖，王少波，龚牟利.构建全民阅读生态需合力并举[N].中国出版传媒商报，2017-03-14(3).

实践的制度建设：大学生经典阅读策略

最近几年，随着全民阅读的热潮涌动，高校阅读氛围越来越浓厚。北京大学、复旦大学、中山大学、重庆大学等高校在推动经典阅读方面取得了不小的成就。如北京大学的“元培计划”，复旦大学的书院制，中山大学和重庆大学学习圣约翰学院赫钦斯等人的“永恒主义教育”思想而建立的博雅书院。另外，有很多大学以学分的制度来选修经典，如西南大学的名著选读等。[①]无论是以专业或者班级的形式推行经典名著阅读，还是以学分制选修形式来进行，都属于经典阅读中名著阅读的范畴。但对许多高校来说，经典阅读在培养体系中缺乏。本部分探索以综合测评和素质拓展学分的模式来推行经典阅读。

一、以经典阅读促进专业教育

大学生经典阅读工程的出发点是配合专业人才培养，提高专业人才的人文素质，扩展专业人才的思维和视野，帮助专业人才理解世界、理解社会、

①解德渤.西南大学名著选读与永恒主义教育理念[J].复旦教育论坛，2013(4)：28-32.

理解自然以及理解人本身。以这个思想为根基，不触动大学专业教育的根本，利用综合测评和素质拓展分来实行大学生经典阅读工程。

第一，不改现行的大学生专业教育体系。目前，专业教育是高校生存的根本，要想以永恒主义教育思想的模式来实行高等教育具有难以逾越的困难，因此，在这些高校中，大学生经典教育不能去打破现有的专业教育模式，只能以一种辅助的形式帮助提升大学生人文素质。

第二，不占专业学习的学分。虽然经典阅读重要，但是想从各种专业教育中挤出几个学分来开展经典阅读，学校层面做出这样一种决定很艰难。经典阅读不是一种立竿见影的教育方式，靠的是潜移默化、长期影响。这样一种需要长时间才能有效果的教学模式，对专业教育和职业技能培养模式造成一种强大的冲击，甚至会影响到一个学校的根本。因此，以学分的形式来实施经典阅读，并非一种完美的解决方式。

第三，以综合测评分数实施经典阅读。高校实施德智体综合测评，来确定优秀学生的数量。以常熟理工学院为例，综合测评分数目前由四个部分组成，德、智、体占100分，其他项目可加分或减分。经典阅读作为加分项目进行，最高可获得5个综合测评分。根据目前的情况，一般综测在90分以上可以获得一、二等奖学金。如果一个学生综测分在85分，很难获得奖学金，那么他在经典阅读上获得5分，就可以进入一、二等奖学金行列。这个分数如果从学校各种活动各种奖励中获得，难度极大，几乎不可能获得这么高的奖励分数。这对成绩中上等的学生来说，是一种极大的鼓励，对成绩优秀的学生也有一种推动作用。另外，对于不热衷学习和阅读的学生，将经典阅读纳入必须完成的素质拓展学分中，需要完成一定的经典阅读活动才能获得素质拓展学分，以此来促进全校学生阅读经典。

大学生实施经典阅读是否促进专业教育，调查指出，超过六成的大学生认为读经典书能促进专业学习。这样的数据比例证明，多数学生对阅读经典是认同的，态度是积极的。这充分证明，优秀的经典的文化在大学生的心目中具有重要的地位，经典具有强大的魅力，大学生群体对经典有需求。

二、高校部门联动经典阅读策略

在高校实施经典阅读，仅仅依靠图书馆的阅读推广是远远不够的。图书馆作为一种教辅部门，是非职能单位。非职能单位要推广阅读，影响力非常小，因此，必须配合职能部门开展经典阅读。

在国家层面来看，中宣部、国家新闻出版广电总局一直是全民阅读推广的职能部门，而下延至各个高校，主要职能部门应为宣传部。事实上，在高校中能直接推动全民阅读的部门有教务处、学生处和校团委。如果经典阅读不纳入学分，教务处就起不到直接作用。因此，在综合测评和素质拓展分的指导下，学生处和校团委成为推动经典阅读的主要职能部门，各学院学生工作部门负责具体实施工作。

高校经典阅读实施策略可以分成四步走。

（一）图书馆是推动经典阅读的源泉

图书馆在经典阅读推广中处于一个源泉的位置。这是因为图书馆是资源中心，阅读首先要以知识——书籍为依托。图书馆在经典阅读中发挥的作用有两个方面：第一方面是经典的筛选，组织校内专家对经典进行帅选，选择适合本校学生阅读的经典；第二方面是有关经典阅读的资源、场地、设备等方面的建设。图书馆不是职能部门，而是经典阅读推动的起点，有了资源、设备和场地的保障，阅读活动才不会成为无本之木、无源之水。图书馆要让这些因为职业技能教育而被忽视的经典书重新活起来，就要为其包装。如建立经典阅读室、建立经典电子书专栏、建设网络阅读平台、建立经典阅读研讨活动室、建立经典阅读导师工作室等，为推动经典阅读打下坚实的基础。

（二）学生工作处是实施经典阅读的中坚力量

学生工作处的主要工作之一包括学生思想政治工作、校园文化和学生综合素质的培养，并对这些工作做宏观上的指导。推进大学生经典阅读正是符合学生工作处的这项工作职责。从德育工作和素质教育的基本点出发，实施经典阅读可以成为学生工作处的核心工作。因为经典的作用就是教会人认识世界、认识自己，通过阅读经典，理解经典，从而真正达到素质教育的目的：从社会发展的角度出发，让大学生拥有“为人”“做人”的能力，学会如何做人。学生工作处利用自身职能的优势，将经典阅读纳入综合测评中，成为优秀学生选拔评比的一个指标。从阅读经典的意义来说，阅读经典是成为优秀学生的一个必要条件，从这个方面体现了经典的价值。学生工作处可以依据图书馆提供的经典阅读各项量化数据，从每个班级对经典书目阅读的完成情况，客观地对每一个学生给出一个综合测评分。

学生工作处在经典阅读推进过程当中，承担了制度的建设、组织、宣传和实施的重要角色，是推进全校经典阅读的中坚力量。

（三）校团委是经典阅读活动开展的主要阵地

大学生对于经典在心理上是一种敬畏的状态。对于年轻人活泼开放的心态来说，阅读经典有可能成为一种沉闷、乏味的学习状态。提升经典阅读的品位，营造活跃的经典阅读氛围，这可以成为校团委的一项有趣但又非常重要的工作任务。校团委可以根据经典阅读的进度，分年级分专业开展经典阅读活动。这些活动包括经典阅读书评征文、优秀读者交流活动、经典导师导读活动、经典讲堂、共读一本书、经典诵读等各种活动。这些活动都可以在图书馆的经典阅读室、研讨室中定期举行，融合各种学生组织和学生团体的力量，如各级学生会学习部、学生社团等组织自行承担。

校团委承担校园文化建设、思想政治工作、培养“四有”人才。经典阅读活动的开展，有助于校团委打开一个新的局面，从经典阅读出发，重新对校园文化建设进行定位，营造浓厚的经典阅读氛围，促使青年学生多读经典，引导青年学生坚持德、智、体全面发展的方向，勤奋学习，积极进取，努力成为社会主义现代化建设事业的合格人才，从而实现其教育引导职能。

（四）各学院学生工作部门是实施经典阅读的执行力量

校级层面的政策、制度和程序都已完备，经典阅读要真正在大学生中执行、开展，需要各个学院的学生工作部门进行宣讲，并组织各种各样的读书活动，以便在学生中产生影响。各个学院可以聘请专家做导读讲座，也可以培养学生掌握一些阅读基本技能，学会高效的阅读经典方式方法，以快速提升人文素养，培养学生精于阅读、善于阅读、乐于阅读的阅读情操。

三、大学生经典阅读实施过程中障碍分析和解决策略

（一）精英教育和大众教育的冲突

经典阅读一直以来和精英教育是分不开的。重庆大学、中山大学、北京大学、复旦大学、西南大学、湖南大学等高校，都存在着为打造精英而设立的阅读经典的班级、专业或者书院等。因此，不管以何种方式实施大学生经典阅读，都会离不开精英教育的话题。通过综合测评分来实施大学生经典阅读，也有一种使优秀大学生越来越优秀、使落后学生越来越脱离经典轨道的担忧，害怕两极分化严重。那些没有养成良好阅读习惯的学生，终身都会有阅读经典的障碍，这些学生可以在一些实操课程中获得良好的评价，但是在面对复杂的环境中可能缺乏冷静的应对方法。

大学生作为一个成年人，要对其阅读习惯产生改变和影响，已经是很难了。有研究证明，影响阅读技能和阅读习惯的唯一重要的环境因素，是家庭中儿童期阅读和写作的训练数量。多买杂志报纸和书的父母，孩子的阅读就好。根据此观点，不要轻易幻想利用经典阅读来改变大学生的阅读习惯，那些没有良好阅读习惯的大学生显然不会热衷于经典的阅读，但是，有可能对经典的解读会引起他们强烈的兴趣。

显然，经典阅读对于精英教育和大众教育会在教育方式上产生一定的冲突。精英教育重在对原典的深入阅读，然后进行深入分析和理解；大众教育重在对经典的导读和解读，传播经典的知识、观念以及导师观点。因此，解决这种冲突的办法，就是我们利用一种素质拓展学分来进行规定。对于那些没有良好阅读习惯而无法获得综合测评分的学生（其实他们对这个综合测评分可能抱着一种无所谓的态度），要求必须利用参与经典导师的讲座、读书交

流会等方式来获得必修的素质拓展学分，从而使他们从听觉上获得一些对于经典的认识。

（二）经典测试的客观性和效果

对于经典阅读，如何测试阅读后的效果，为测试带来一种客观的分数，这是一个非常难的课题。以往科举考试，学子们经过大量的经典阅读，然后得到自己的见解，在考场上通过一篇文章，获得主考官主观上的赏识，从而获得高分。如果一本经典的阅读和解读是一个学期的一门课程，那对学生成绩的确定，一般都以课程表现和课后论文来获得相应的分数，这个分数是一个主观上的分数。课程中不可能每一堂课所有学生都有机会发言，课程论文也只能表示学生在经典里的某个方面或者某个章节段落的理解和阐释。经典测试的客观性如何体现呢？效果究竟如何？这是检查经典阅读效果最大的障碍。

对于经典阅读的测试，中国古代书院制度对各类读书人的考试从《唐六典》中可窥一二。唐代集贤殿书院的学士、直学士、侍讲学士、修撰官、校理官、知书官等，不管是“刊辑古今之经籍”，还是“辨明邦国之大典而备顾问应对”的，不论是“征求”遣逸贤才，还是“撰集文章，校理经籍”，每个人都得参加考试。宋明清等书院考试制度也是如此，以作文为主，并对考试作文优秀者予以奖励。如宋代徐元杰在上引的《延平郡学及书院诸学榜》中就提出要与诸生一月一相聚于学校或于书堂，必欲亲扣每日所习何事，所读何书，所作何文。

基于综合测评的经典阅读如何测试？是用作文方式测试对经典的理解，还是按照教科书方式测试对经典知识的掌握？显然，两种考试方式对于目前经典阅读的测试都显不足。纽曼在《大学的理想》一书中开篇说，对大学的看法如下：它是一个传授普遍知识的地方。这意味着，一方面，大学的目的是理智的而非道德的；另一方面，它以传播和推广知识而非增扩知识为目的。

纽曼的观点对于经典阅读有很强的指导意义。经典阅读在大学里的作用就是让大学生了解经典的内容，了解之后再在其人生各个阶段去体味经典能给其带来的影响。这里的重点是大学生只需了解经典的内容，至于经典对大学生行为产生多大的影响，只能在日后的潜移默化中体现出来。理清这一层，就可以很好把握对经典阅读的测试。经典阅读的测试，只需测试大学生对原典文本的了解程度和熟悉程度即可，并且可以通过测试题库体现出测试的客观性。经典测试的题库要求所有题型的题干和答案都来自原典文本即可，全部是客观题型。通过客观题型的测试，以达到测试读者对经典的了解程度。

（三）经典书目的选择困难

经典书目的指导性选择一直会被人们诟病，几乎没有一个完美的经典书目。梁启超、胡适的国学书目之争就是一个典型的例子。即使张之洞的《书目答问》几乎无缺，也需不断补正。在考察美国圣约翰学院的教育体系中发现，学院组织编定了71位古今名人或者学派的名著，计54册，涵盖了哲学、文学、历史、经济学和自然科学等诸多领域。在我国，中山大学博雅学院追随“永恒主义”教育思想，书目涉及心理学、人类学、社会学、法学、中国史、世界史、中国文学、外国文学、中国哲学、外国哲学等学科领域，按照每学期4~5门课的规模，四年学完最多四十门，并且还要学习古汉语、古希腊语和拉丁语。[①]单单就四十门课程，又如何能包涵这许多世界经典？因此，经典阅读书目的选择，不求完美，只求适合。选择适合的经典作为阅读书目也不是那么简单的。为自己立身，为社会立德，为民族国家立言，这都可以成为适合经典阅读的书目选择标准。

对于经典阅读的推进，这种新的大学生经典阅读模式只需在一处实行、完善，就可以推而广之，根据各个高校的实际情况稍加修改调整即可，有很强的推广价值，并且能产生很好的效果。原因就在于，在经典阅读越来越受重视的今天和将来，每一所高校都拥有大量喜爱阅读经典的读者，也拥有很多能解读经典原典的优秀导师，只需加强一些基础设置，将这些资源整合起来，经典阅读必将在每一个高校中绽开绚丽灿烂之花。

---

①姚慧．赫钦斯“名著课程”改革及其启示[D].长沙：湖南师范大学，2014.

实践的推进：考核模式

经典阅读最好的时机是在大学阶段。只有在进入大学之后，学生才逐步地摆脱了升学考试的压力，开始能够欣赏生活中的各种滋味，也能够与经典中的思想慢慢形成共鸣。并不是每个大学生都愿意读经典，原因很多，但主要集中在：阅读经典无法立竿见影体现价值，很多经典晦涩难懂读不下去，浮躁而无法静心阅读等。王洪才认为经典只适合于那些对生活真谛有求索兴趣的人，这些人是社会发展方向的探索者，是精英分子。[①]不过，就人一生的发展来说，没有人不愿意成为一个对生活真谛有求索兴趣的人。"不让一个孩子掉队"，把阅读放在第一位，通过阅读提升学生的读写能力，充分说明公民素质的全面提升要体现在教育公平上。[②]经典阅读是为了帮助大学生增进思考、判断以及与他人对话、协作的能力，了解人的价值和自身的弱点，提升社会责任感和公民素质，其根本目标是人的心智解放与成长，使大学生成为合格公民而不是精英。[③]赫钦斯曾经说过，人性是共同的，所以真理在各个地方也一样，经典所提供的是一种永恒的知识，所以任何人、在任何时间、任

①王洪才.经典阅读意味着什么?[J].复旦教育论坛,2013(4):24-27.

②戴伊 T R.理解公共政策[M].北京:北京大学出版社,2008:140.

③徐贲.阅读经典:美国大学的人文教育[M].北京:北京大学出版社,2015:15.

何地方学习都是一样的。[①]经典阅读应在大学生中全面开展。

一、在高校全面推进大学生经典阅读

我国义务教育法规定每个孩子都必须上学，大大降低了我国文盲率，提升了我国人民的文化素质。我们可以这样设想，以前我们不上学，就是文盲，我们要消灭文盲，并且用强制力量——义务教育法消灭文盲。现在，我们要让国民素质再上一个台阶，就必须读经典，对于大学生而言，如果不读经典，就不了解世界上永恒的知识，我们可以说他或她将会成为下一个阶段拥有读写能力的文盲。所以，我们有必要通过法制或者制度建设在高校里强力推进经典阅读。推动高校学生阅读经典工作，要做好以下四点：第一，贯彻落实《关于实施中华优秀传统文化传承发展工程的意见》，强力推动高等院校学生经典阅读和传统文化教育工作；第二，确立并突出经典文学课程作为专业基础教学的必修课地位；第三，制定有效的评价激励和引导机制，着力推动经典阅读和中华优秀传统文化的教学工作；第四，为培育大学生阅读经典的习惯和能力搭建平台，活跃环境。[②]每个高校必须全面推进经典阅读工程，通过经典阅读来塑造大学生的人格道德。在强力推行经典阅读方面，国外高校有一些先进的例子，可供我们借鉴，如赫钦斯的"永恒主义"教育理念在芝加哥大学和圣约翰学院的实施，虽然在赫钦斯辞去芝加哥大学校长之后，名著运动的影响力逐渐减弱，但圣约翰学院至今仍然沿用"永恒主义"教育思想办学，其毕业生大多数成为社会精英，不得不说是美国高校办学的奇迹，说明"永恒主义"理应是一种非常成功的教育思想。《哈佛通识教育红皮书》认为：凝聚民族文化的核心力量就是在课程中尽量多的使用经典名著。[③]它所提出的观点和课程方案构建了通识教育的基本框架，奠定了哈佛以实施通识教育为目的的核心课程的基础。目前我国已经有多所大学开始了经典阅读运动

---

①赫钦斯.美国高等教育[M].汪利兵译.杭州:浙江教育出版社,2001:39.

②刘海颖,王少波,龚牟利.构建全民阅读生态需合力并举[N].中国出版传媒商报,2017-03-14(3).

③哈佛委员会.哈佛通识教育红皮书[M].北京:北京大学出版社,2010:86.

的尝试，对于其推行效果究竟如何，还缺乏比较全面且可靠的报道。就我国目前高等教育体制来看，在高校里强力推动经典阅读，必定导致教育制度的变革，就如同《哈佛通识教育红皮书》里描述的，通识教育的变革不仅仅导致高等教育变革，而更重要的是要教育人成为一个“好人”和合格公民，这是一系列的教育变革，包括中学教育、高等教育和社会教育。在高校全面推进经典阅读，应成为强力推行全民经典阅读的核心力量，从而促进全民素质跃上一个新的台阶。

在高校中全面推进经典阅读，有必要成立一个专门的独立的管理权力机构，如经典阅读工程指导委员会、通识教育部门等。国内目前有一些专门机构就经典名著阅读开展通识教育，如北京大学的元培学院、中山大学博雅学院等，但目前限于一定的培养范围，对于全面推行大学生经典教育来说只能算是一种试点形式。要全面推进高校经典阅读，必须有一个专门的权力机构。这个权力机构对经典阅读拥有普遍监督的权威，这种权威包括制定大学生经典阅读的规则、监督规则的执行情况、根据效果或者经典阅读进程变更规则等等。具体的任务包括经典阅读体系平台和环境建设、经费预算、导师队伍建设、课程建设、收入分配、工作业绩计算、学生阅读经典的活动开展和效果评价、制度建设等。全面推进大学生经典阅读主要规则表现在必须让每一个大学生通读经典文本，优秀学生应该受到奖赏，没有按照要求通读经典文本的学生，应该受到相应的惩罚。

二、全面推进大学生经典阅读的考核模式

要在高校中全面强力推进经典阅读，并且取得很好的效果，比较好的办法是实施一种考核模式，就是让学生只有通读这些经典才能通过考核，并将其考核结果成为是否获取学位的必要条件。

考核模式完全可以在经典阅读课程之外实施，换句话说，经典阅读课程仅仅是全面推进大学生经典阅读的一个辅助教学方式，而非其核心。虽然我们已经有强大的教学团队可以完成某一科目的全体学生的教学，如大学英语、

四门思想政治课、计算机基础等课程，但这些仅仅是几门课程而已，经典阅读是完全不同于这些课程的一个学习过程。大学生需要阅读的经典那么多，如果通过课程教学的方式，师资力量无法达到让所有学生通过课程学习所有经典的要求。只有通过一种特殊的方式，使学生利用大量的课余时间去阅读经典。我们需要这样一种考核模式，既能考核学生是否通读了经典文本，又能通过较少的师资力量的投入就能完成大学生经典阅读考核过程。

该模式的出发点是：大学就是阅读经典的场所，学生大部分课余时间都应该用来阅读经典，并可以从各种渠道获得导师的指导和帮助，从而通过经典的浸润，在思想上、道德上成为一个完整的人，而不是利用课余时间去学习如何创业、如何考级考证或者参与各种社交活动。该模式需要通过技术、环境建设、制度建设和时间规划等手段保证阅读过程的强制进行。叶圣陶曾经说："试问，养成读书的习惯，不教他们读整本的书，那习惯怎么养得成?"该模式最终目标就是考核学生是否利用课余时间去通读经典，并希望所有的学生都能去完成整本经典的通读，从而养成良好的阅读经典习惯。考核模式的核心部分是经典测试系统。

（一）经典题库建设

经典题库的建设是将每本经典建成一个题库。纳入经典题库建设的书目是由大学生经典阅读工程指导委员会经过了长期的调研，结合了各种经典推荐书目和校内专家的推荐书目，最后由经典阅读工程专家指导委员会确定。专家指导委员会确定经典书目之后，又遴选了校内对某本经典有深入研究或者非常熟悉的教师作为该经典的导师，这些导师将负责题库的建设以及后续导读课程开设、读书交流等阅读活动的开展。题库的建设是导师作为经典阅读促进者的重要内容。题库是经典测试系统的核心。到底用什么样的题库来对经典进行测试？这里涉及对经典进行测试的最终目的。前面已经讲到，经典之所以成为经典，就是因为每个读者阅读它的感悟和理解都不一样，这种感悟和理解是没有标准答案的，也无法通过标准化的形式来进行考核。经典测试的目的有两个：一是引导学生对经典进行通读；二是考核学生对整本经典文本的掌握和熟悉程度。本着这两大目的，经典测试题库选取三种题型：单选题、多选题、判断题，全部由客观题组成，答案全部源自经典文本，没有主观题，着重考核学生是否通读了经典文本。在出题的过程中，每本经典的题量相当大，几乎每一个非常小的段落就有一个题目，这对导师来说是巨大的考验，导师必然要对整本经典烂熟于心，才能将题库完成。在题库初稿形成之后，项目组组织了近百位师生志愿者对题库进行了审核，审核前要求审核人员通读经典，这对于审核者来说也是一个很好的经典阅读过程。最后导师再利用审核的结果，查错补缺，建立最终的题库。目前已经建成了30套经典题库。标准化题库建成后，接下来需要一个适合经典测试的标准化考试系统。

（二）考试系统构建

考试系统的建设有两种选择：购买和开发。社会上已经存在的各式各样的考试系统大部分都是针对应试教育而开发，几乎没有符合经典测试的考试系统，因此，项目组决定自行开发。常熟理工学院有一个已经成型的针对思想政治理论课自身开发的思想政治理论课标准化考试系统。该考试系统建成后经过近十年实践，成为一套行之有效的标准化考试系统，拥有国家著作专利权，并已经在几十所高校运行，取得不错的效果。该考试系统通过经典阅读理念的输入和设计人员努力，最终被改造成符合大学经典阅读测试需要的新型考试系统。新型考试系统具有以下特点：①可以多次测试，成绩取每次测试中的最高分；②多终端运行，无论是电脑还是手机，只要有浏览器就可以考试；③强大的统计功能，各种排序、各种成绩导出模式、各种组别统计都可以实现，有助于测试效果的最终体现；④针对不同的阅读群体设置不同的考核方案。

（三）考核方案实施

经典测试系统已经建成，那么如何通过经典测试系统起到检测学生通读经典的效果呢？我们在测试系统中实施了相关的考核方案，并选取了样本进行测试。

下面的测试是基于列夫·托尔斯泰的中译本《复活》这本经典而进行的。样本80份，按比例分配：20人从未读过、20人读过一些、20人读了大部分、20人完整通读文本。得到的结果见表1。

表1　阅读经典《复活》测试效果对比

测试员分类	一次性测试获得分数区间人数				
	0~30分	30~50分	50~60分	60~70分	70分以上
从未读过（20人）	8	11	1	0	0
读过一些（20人）	4	12	3	1	0
读了大部分（20人）	0	3	9	6	2
完整通读（20人）	0	0	2	10	8
完整通读（20人）第二次测试	0	0	1	10	9
两次完整通读（20人）第一次测试	0	0	0	5	15

测试结果显示：从未读过或者读过一部分《复活》的人没有超过60分的，而通读整本经典的人在两次测试之后只差一人都能获得60分以上的分数，在通读第二次经典之后的测试成绩，全部能获得60分以上，大部分能获得70分以上的优秀成绩。这说明，只要学生能够通读经典文本，就能在经典测试系统中获得60分以上的成绩，我们最终用60分作为通读经典《复活》的及格分数。而后我们还进行了其他经典测试，测试结果和《复活》相差无几。因此，测试的意义在于，我们获得检测通读经典文本的基础数据，利用这个数据，可以制定通读经典文本考核标准，从而可以通过环境搭建、制度建设

等，促使大学生通读经典文本，养成阅读经典的习惯。

建成的经典测试系统拥有以下特色：①经典题库只着重学生对文本的掌握，每本经典一个题库，所有题库的题目都是客观的、标准化的，在书上都能找到答案，系统通过标准化题型来测试学生是否用心通读了经典文本；②经典测试可以随时随地只要有网络就可以在任何终端进行，没有监督，没有监考，通过对考试时间的限制，做完试题所剩下的时间已经不多，允许学生通过文本阅读的印象用各种方式去对少部分答案不明确的题目进行更正；③每本经典的测试不是一次性测试，学生可以不断阅读经典，在规定的日期内可以重复多次考试，每次考试通过题库重新组卷，最后的考试成绩取所有次数中的最高分，从而降低了学生对考试的恐惧心理，使其以一种轻松自由的状态但又带着小小的任务在阅读经典后再参与测试，甚至可以把测试当作是游戏闯关。热衷于某本经典的学生可以不断深入反复阅读该本经典书，不断地刷新测试分数，达到对经典文本的熟练掌握，从而在纵深方向展开对经典文本解读的探求并在各种读书活动中表达自己对阅读经典的感受。经典测试系统以严肃活泼的测试形式将读者带入经典阅读环境，并使其在阅读经典文本后享受通过测试检验阅读成果的喜悦。

（四）考核制度

制度建设是全面推进大学生经典阅读的保障。高校可以利用经典测试系统的考核标准，将经典阅读纳入培养方案，设置阅读学分或者其他形式，并且使其成为学生获得学历学位的必要条件。另外，在制度建设上，涉及经典阅读的方方面面，都需要加强。如前面提到的经典阅读核心课程、导师团队、阅读推广人、专门的管理机构、经费预算、经典阅读环境建设、经典阅读平台建设和资源建设、移动阅读、奖惩措施等方面需要加强探索和建设。

检测大学生通读整本经典考核模式的构建弥补了以往无法考核学生通读经典的缺陷，为高校强力并全面推行经典的制度建设提供了核心标准，也为大学经典阅读课程建设、经典阅读活动的开展提供了坚实的基础，并能激发浓厚的经典阅读氛围。这个看似简单其实蕴含了很多意义的考核模式成为促进大学生经典阅读的有效方法。它还有很多地方值得进一步改进，我们希望将经典测试系统、考核模式、经典阅读平台建设、经典阅读环境搭建以及相关的制度建设等一整套体系进一步完善，成为值得推广的大学经典阅读体系模型。

实践的总结："五维一体"大学生经典阅读体系建设

中华优秀传统文化是中华民族的精神命脉。优秀传统文化是一个国家、一个民族传承和发展的根本，如果丢掉了，就割断了精神命脉。传承优秀传统文化是树立文化自信的重要内容。教育的常识就是读书，要围绕读书来办教育，积极引导广大师生读"国情"书、"基层"书、"群众"书，读优秀传统文化经典、马列经典、中外传世经典和专业经典，杜绝浮躁，理性思考。这就明确提出，在文化自信视域下，读书应该读经典，以此提高思想认识，这同时给高校思想政治工作指明了方向，高校思想政治工作在内容上要拒绝浮躁、流行和时髦，应以推行经典阅读为核心、为主流。

笔者所在单位常熟理工学院为提升广大师生的人文素质和担当意识，建设校园经典阅读文化，从2015年以来，连续举办了5届经典阅读征文大赛。经典阅读征文大赛充分展现了当代大学生的思想风貌，同时暴露了大学生的思想误区和对人生理想认识的偏差。5年来，常熟理工学院以经典阅读为核心，着力改善大学生思想意识和人文素养，通过经典阅读征文大赛，从发现问题、分析问题，到提出问题解决方案，再到全校统一部署实施，最后整体评价，一步一个脚印，为大学生思想政治工作开创了新局面。

2015年1月份，笔者所在单位正式发布第一届寒假经典征文大赛，并在全校发布“冬日悦读行动”倡议书，向全校师生公布推荐书目，引领读者，以经典阅读为核心，提升思想政治修养和人文素质。从2015开始，常熟理工学院连续5年发布经典阅读征文大赛。征文大赛具体情况如表1。

表1　常熟理工学院连续5年举办经典阅读征文大赛情况

年份	收到稿件篇数	涉及书目种数
2015	936	312
2016	518	148
2017	170	32
2018	680	31
2019	619	50

2015年的第一届征文大赛只有推荐书目，没有限制书目，学生根据自己的爱好和正在进行的阅读状况进行书目选择，因此涉及的书目非常多。其中各种经典书目近100种，近现代小说30多种，另外还有网络小说、休闲娱乐书等近150种。从征文的质量来看，除了最后获奖的60篇文章相对优秀外，大部分文章都是口水话，查重后发现，500多篇文章存在着抄袭、大段引用，尤其是对一些网络小说和通俗小说的观点评述，存在着严重的世界观、人生观和价值观的偏差，更存在着一些崇尚金钱、帅气、美貌等追求时髦的观念，甚至还有一些对暴力、黑暗世界的赞美和模仿的思想。基于此，我们2016年对征文书目进行重新审定，在征文大赛通知中声明不再接受除经典书目之外的书评征文，但依然有学生不顾征文书目的限定，提交了近百篇不是限定书目的文章。可喜的是，这近百篇文章的内容大部分围绕限制书目之外的经典来撰写阅读感受，只有少数几篇写的是近现代通俗小说、诗歌集和报告文学的感悟。2016年9月，我校正式实施经典阅读工程项目，将限定的28种经典阅读书目纳入2016级学生人文素质培养的综合测评范畴。2017年1月的征文延续2016年的通知，由于2016年的获奖征文按照通知要求，所有选择限制经

典书目以外的书评都被取消了评选资格，从而导致了2017年经典征文的投稿数量大幅下降，但质量稳步提升。2016年第一年实施大学生经典阅读工程项目，2017年征文来稿的惨淡也昭示了学生对强制性以经典阅读来实施思想政治工作以沉默进行抵制，但对于经典的权威性，全校师生一致支持，没有人在口头上提出反对意见，这足以证明，用经典的权威性、可读性、引领性来推动思想政治工作，是值得坚持做下去的，对于实施形式、方法、过程和结果，可以探讨和改进。

随着大学生经典阅读工程项目的推进，来自校级层面政策的影响、实施措施的得力以及经典的吸引力，2018年、2019年两届征文大赛投稿又开始备受大学生关注，稿件质量大有提升，虽然仍有学生撰写限定书目之外的书评，但都是来自经典书目。这充分说明，在思想政治工作中，经典的引领已经对学生人文素质的提升产生了正面的影响力，着实提高了思想政治工作的有效性。

在5年的建设中，以经典书评征文为起点和主线，我校逐步建成了“五维一体”的以经典阅读为核心内容的思想政治工作模式，保证了思想政治工作有效开展。

一、以经典书目引领内容建设

经典阅读对于当代大学生有重要的意义，如阅读经典可以获取更多的理论知识，可以提高个人修养，是传承民族文化的需要，能培养独立思考能力、增进文化自觉、提升人文精神等，但目前我国大学生的经典名著阅读率很低。强化经典阅读，有助于培育大学生良好的阅读习惯。我校从2015年第一届书评征文大赛开始，发现大学生在阅读内容上存在极大的误区，这些误区主要原因是大学生对阅读内容的辨识度不高、对阅读内容的价值判断存在偏差、追求新鲜时尚甚至色情暴力信息等。因此，加强大学生思想政治工作，首先应该从大学生接触的阅读内容着手，引导大学生阅读经典，从经典中吸取精华。为了改变大学生阅读现状，学校决定面向全校征集大学生经典阅读书目，最终确定28种经典书目为必读书目。为加强思想政治引领，28种书目中特别加上了《马克思传》《毛泽东传》《邓小平时代》三种书目，以帮助大学生认真了解在中国共产党领导下的新中国是来之不易的，号召大学生学习三位伟人的革命精神，不忘初心。28种书目除上述3种外，还包括中华传统经典书目14种，外国文史哲经典11种，包含了哲学、历史学、政治学、管理学、教育学、文学等各个学科的经典名著。后期为了加强党性修养等思想政治工作，书目增加了《共产党宣言》《在马克思墓前的讲话》《伟大的创举》《论共产党员的修养》等经典。经典书目事实上是在精而不在多，经典的意义就是能引起读者的反思，达到举一反三、触类旁通的作用。朱光潜在《谈读书》里说，书多易使读者迷失方向。任何一种学问的书都可以装满一图书馆，其中真正绝对不可不读的基本著作往往不过数十部……思想政治工作也是如此，其经典书目不宜过多，对于本科生来说，能在大学四年里精读、深阅读、反复阅读这些经典书目，其思想认识必定能得到极大提高。

二、以导师团队促进师资建设

经典名著作品本身极具启发意义，它们超越了全部的教育技术和学术技巧，其本身就是方法学大师，教师只能尝试着成为作者传授其思想的手段而已。[①]从这个角度来讲，经典对人的影响力要大于教师对人的影响。虽然如此，但对读者来说，他或她阅读晦涩的经典文本时，依然希望有人给予指点和解读，以使自己更快地掌握经典的精髓和阅读的技巧。从这一点出发，读者最希望能得到对于这本经典最有研究或者最熟悉的专家的解读和帮助。因此，对某一经典领域有专门研究的导师，掌握着打开学生理解该本经典之门的钥匙。常熟理工学院在2015年寒假书评征文之后，意识到要引领学生走进经典之门，就必须建立一支过硬的导师团队，以引领学生阅读经典、理解经典。学校根据28种经典书目，在校内遴选了对经典书目有相关研究成果的28位导师，组成了强大的导师团队。虽然导师团队组建顺利，但并不是每个导

①哈佛委员会.哈佛通识教育红皮书[M].北京：北京大学出版社，2010：162.

师都愿意献身在这项事业当中，因为对导师来讲，每天带着学生读经典是一件枯燥乏味又没有个人成就的事情，需要有较强的牺牲精神。学校为了加强导师的凝聚力和积极性，特别为导师团队设立了经典研究项目，从经典解读、测试题库建设、导读书的出版、导读视频的制作等都设立一个个小项目，在导师为经典阅读付出的同时，使其收获一系列的教学、科研等劳动成果。学校也期望通过这些保障措施，能打造出一支在教学科研都能有突出成果的导师队伍，并利用激励机制形成良性循环，使导师团队成为一支在人文素养教育和思想政治工作上具有强大战斗力的队伍。事实上，经过这几年的建设和导师自身的努力，我校获得国家社科基金和省部级等人文社科科研项目，大部分来自导师团队成员。

除了导师团队外，学校特别设立了校级领导机构，由分管副校长任主任、各二级部门领导为委员的大学生思想政治工作指导委员会，专门指导和管理以经典阅读为核心的思想政治工作。校团委、学生工作处等组成了一支以分团委书记、优秀辅导员为核心的学生管理团队，关工委退休老同志组成了经典阅读和思想政治宣讲团，成为不可忽视的力量。

2017年起，以导师为核心、以学生辅导员和团委为支撑、以关工委宣讲团为辅助而组成的思想政治工作小组，开始在学生中开展“三代同堂”共读经典读书活动。这项活动目前已成为常熟理工学院的品牌活动，并于2019年荣获学校教学成果一等奖。

三、以阅读空间打造环境建设

晏子曰：“橘生淮南则为橘，生于淮北则为枳。”这说明环境对人的成长起关键的作用，什么样的环境就能造就什么样的人。阅读也是如此。伽达默尔认为阅读是一种纯粹内在性的事。换句话说，虽然阅读内容是公共的，但阅读行为是私密的。根据阅读行为的私密性，我们从两个方面为学生打造良好的经典阅读物理空间。第一方面是在图书馆建立环境优雅的经典阅读室。经典阅读室选择了图书馆中位置最好的空间，我们在选择时考虑到采光、温度等因素，建设一批全私密、半私密的阅读座位，供学生阅读经典时使用。经典阅读室里摆放多复本的28种经典书目，复本量20册以上，较高的复本量如唐诗宋词、四书等经典达100册以上。良好的环境氛围使学生纷纷进入阅读室阅读经典。我们同时将大量的其他经典从图书馆各个书库中选出，在经典阅读室里设置经典书架，扩大学生经典阅读的范围，并在醒目的位置设置红色经典专架。红色经典专架中的书目主要包含将后期选入的《共产党宣言》等书。第二方面是在各个二级学院建设经典阅读中心。联合学校各二级单位工会小家的建设，以及党团活动中心的建设，在各个二级学院建设经典阅读中心。经典阅读中心配备28种经典书目和红色经典书目，并建立小型研讨室，方便二级学院定期邀请经典导师、关工委宣讲团成员开展小型经典读书会。

另外，学校建设了经典阅读网络平台，整个平台包括经典阅读电子书的阅读和下载、导师导读视频在线浏览和观看、优秀阅读书评展示、师生互动交流等，从而形成线上线下一体化的经典阅读环境。在手机软件建设上，学校正在借鉴优秀的阅读和学习类软件功能，准备开发更加适合以经典为核心内容的手机软件，提供给广大师生使用。3年来，图书馆经典书的借阅量大幅攀升，经典阅读平台的经典书目点击和下载量达到30万次。良好的环境有效提升了学生阅读经典的积极性。

四、以经典测试评价阅读效果

任何一种工作要取得成就，必须有一个良好的控制过程。检验效果的主要方式是拥有一套完整的评价体系。测试或者考试成为效果评价常用的方式。在以往的阅读推广和思想政治工作中，无论工作过程多么细致和精彩，但成效往往是无法控制的。高校中对于阅读推广和思想政治工作而开展的各种活动中，大多数评价方式只是最后给予一些素质拓展学分等激励方式，但很少涉及真正测评每一个参与活动的成员在活动中达到什么样的效果。

常熟理工学院在以经典阅读为核心内容的思想政治工作效果评价中，开发了一套完整的经典测试系统。本系统可以检测学生有没有真正地产生阅读行为，也可以评价学生是否完整地阅读了规定的内容。并且本系统的测试并不是一次性测试，学生可以不断测试。在阅读完经典后，学生对自己的测试成绩不满意，可以反复阅读经典，再次测试。这种方式符合经典可反复阅读的特性，也符合阅读的规律，使学生不会因为一次性考试不成功而产生巨大的心理压力。在这种情况下，有些学生在测试中逐渐地对某本经典产生强大的兴趣，不断地深入阅读。如《唐诗三百首》，有些学生在一年里把它完全背诵下来，最后测试获得满分。对于测试成绩的评价，我们最后以一种激励方式，给予学生经典阅读综合测评分。在3年的实施过程中，经典测试分数大致能反映学生的综合素质，90%以上获得校级奖学金的学生，其经典测试分数都非常高。有很多以前没有获得奖学金的同学，通过认真阅读经典，成为获得奖学金的优秀学生。完整的经典测试系统和评价体系，成为提升我校思想政治工作效果最重要的一环。3年来，参与经典测试人数超过2万人，参与测试的人次超过50万次。所有的经典测试成绩显示，大多数学生至少完整认真地读完一本经典，部分学生目前已经完整地阅读了所有的28本经典。

五、以阅读共同体推进校园思想政治文化建设

校园文化建设是加强和改进大学生思想政治工作的主要载体。校园阅读文化是校园文化建设的主要内容。新时代的发展对校园文化建设提出了新的要求。网络文化为校园文化建设提供了便利、创造了机遇，同时带来诸多挑战。为此，常熟理工学院利用经典的权威性、引导性等诸多特征，构建经典阅读共同体，很好地利用传统阅读习惯和网络技术，以阅读共同体的构建重建校园文化，推进校园思想政治工作。

共同体以其强大的凝聚力和成员拥有浓厚的归属感，成为人类在个人力量难以解决的社会困境和危机的推动下，为促进和完善成员的个人意志，从而达到团体最大效益而形成的群体。共同体中权威力量的存在使共同体拥有凝聚力，也成为共同体安全的庇护所和共同体成员进步的保障。共同目标、

身份认同和归属感，是共同体的主要特征，共同体文化构建是其持续发展和前进的主要支柱。在阅读群体方面，阅读协会、阅读社区等也是一种阅读群体，但这些阅读群体在形式上相对松散，不具有强大的凝聚力，也没有紧密的协作关系。而阅读共同体成员相互之间有共同的、有约束力的思想信念，并在权威引领下构建积极、强烈阅读协作关系而形成凝聚力和归属感。阅读共同体是在多元阅读空间中为成员提升与阅读相关的各种能力、养成阅读习惯、获取知识实现人生价值而开展的，由专家引领、阅读推广人组织、读者参与的具有一种相互影响的强烈协作关系和激励措施并构建共同体文化的阅读推广形式。

如前所述，我校在阅读共同体建设中，成立了校级层面的指导委员会，筛选了经典书目，组建了导师团队。经典的权威性和导师解读的权威性使阅读共同体建立在权威的基础上，从而形成强大的凝聚力，成为共同体成员心之所向。共同体的生成路径有两种：自上而下和自下而上。我国共同体的生成路径应以自上而下的政府培育为主导。我校在经历了学生自发成立的阅读组织，进行大量的阅读推广实践之后，也选择自上而下的阅读共同体建设模式。“五维一体”模式最终的效果体现在阅读共同体建设和实施上。一系列措施和制度成为阅读共同体建设的重要保障，如经典阅读综合测评分制度、经典测试指导手册、经典导师制度、大学生经典阅读工程项目章程、“三代同堂”共读经典活动章程、网络课程蓝墨云班课经典导读操作手册等。“五维一体”模式中前面四个维度的建设，环环相扣，每一环都是阅读共同体建设不可缺少的一部分。在阅读共同体建设中，除了以上四个维度的建设外，最重要的一环就是通过阅读共同体活动的开展建设校园阅读共同体文化。在目前阅读共同体活动的开展中，我们已经形成固定有效的规范体系。首先是阅读内容的选择。每一次活动选择一本经典。其次是阅读共同体成员的组织。阅读共同体每一次参与活动的成员可以是对这本经典感兴趣的全校师生，也可以是特定某个团体，如入党积极分子、一个班级、一个年级或者一个社团等。再次是导师和管理人员的选择。该本经典的导师自动成为团体的导师，关工委宣讲团成员参与，管理人员根据共同体成员来定，如一个班级的话，这个班级的班主任自然成为该团体的管理者，另外有辅导员、图书馆阅读推广人等共同配合。最后是活动流程的策划。每本经典的阅读形成一个活动。活动时间跨度至少是一个月。参与共同体活动的成员在一个月之内完成该本经典的阅读并收获经典阅读的好习惯。成员每天通过手机软件在线上展示阅读的过程，摘抄阅读片段，撰写阅读心得，参与阅读讨论，在线下进行经典重现表演如经典片段舞台剧、经典诵读等，阅读完成后撰写阅读书评。导师、管理人员和成员形成线上线下的交流和辅导。整个过程结束后，开展一次总结交流大会，表彰阅读中表现优秀的成员、优秀书评获得者和经典测试优秀者。这些优秀成员将在下一次同样的活动中展示自己的成果，以榜样的力量引领下一次共同体成员。每一次活动所有的总结材料归档，优秀的书评和优秀事迹形成小册子，印刷分发。3年来，以阅读共同体形式开展的活动近100场，参与的学生超过一万人次，表彰优秀成员超过两千人次；印刷了优秀书评集15种，制作大型系列活动成果展出展板超过300张；在阅读共同体的引领下，导师和学生共同进步，发表经典阅读相关的科研论文近20篇，出版导读书12种，制作导读视频28种；创作经典重现舞台剧近20种，学校艺术中心为加强思想政治教育，以常熟沙家浜革命故事就地取材，特别创作红色经典舞台剧《芦荡火种》，以及根据常熟本地名人钱谦益与柳如是的故事创作大型经典舞台剧《柳如是》，分别在常熟市大剧院等多地上演，好评如潮；获得江苏省高校学生管理创新奖二等奖、江苏省高校阅读推广优秀案例一等奖、江苏省图书情报科研成果一等奖、全国大学生诵读比赛一等奖、江苏省高校优秀社团、华夏书香校园等荣誉。以阅读共同体形式开展的校园阅读文化欣欣向荣，持续发展。

以经典阅读来推动高校思想政治教育，这项工作是大有可为的。在经典阅读中建设阅读共同体文化，最终是以成员思想的进步、能力的提升为宗旨。经典的引领使参与的成员在思想上得到了升华，尤其对中华传统文化的认识和世界主流文明的吸收，使成员在整个过程中能充分认识到作为一个大学生自身必须承担的责任。成员在导师的指引下，在活动过程中得到锻炼，不但收获了阅读经典的好习惯，而且通过阅读、思考、写作和表演，使自身的素质得到明显提升。

下篇

经典阅读的习惯

阅读推广的主要目标是培养读者良好的阅读习惯。有研究认为我国国民拥有阅读习惯的人只占5%。虽然如此，但很少有研究从深层次说明到底什么样的特征和表现可视为拥有阅读习惯。且阅读习惯有好有坏，到底什么样的阅读习惯可称为良好的阅读习惯？张怀涛认为9种良好的阅读习惯具有普遍性，包括珍惜书、勤翻书、不走神、定计划、挤时间、提问题、求师友、动笔墨、讲卫生。这9种习惯对学习习惯来说具有一定的特点，但是对于阅读习惯来说流于表面，没有太强的针对性。理清习惯、阅读习惯以及良好的阅读习惯的形成和特征，有助于阅读推广目标的实现。

一、习惯

要了解阅读习惯，首先要了解习惯。我们常说的习惯一般认为是生活习惯。生活习惯有好的也有坏的。如早睡早起是好习惯，晚睡晚起是坏习惯；按时吃饭喝水是好习惯，抽烟是坏习惯，等等。这些习惯在长期成长过程中形成后，一般情况下人都会按照这些习惯来生活，也就是说，这些习惯每天会发生。中国台湾学者柯永河在《习惯心理学》一书中对习惯有一个比较客观的定义：习惯是刺激、反应和两者间的稳定关系。这个定义是说，习惯必须是经过刺激，得到一个反应，并通过多次不断刺激，得到相同反应，从而形成稳定结构。如，喂养小狗，每次给它食物前都摇铃，慢慢地，小狗养成了只要有铃声就要进食的习惯，在这里，刺激物就是摇铃，反应就是有食物吃。一旦这两者形成稳定关系，那么小狗以后只要听到相同或者相似的铃声，就会产生食欲，即使没有吃的，也会大量分泌唾液。这就是习惯培养的一个过程，表明习惯的培养需要长时间刺激，并在刺激后有相同的反应出现，形成稳定的关系。良好习惯的形成，一定要有良好的开端，如人吃饭习惯的养成，按时吃饭，吃饭时不喝水等是良好的习惯，不按时吃饭，吃饭时大量饮水就是坏习惯。良好的吃饭习惯必须在一个良好的环境中形成，这个环境就是在规定的时间内供给充足的食物，并且在吃饭的时候被教育不要喝水，吃完后再喝一小杯水。在这样的环境下进行训练和刺激，吃饭的这些好习惯才能慢慢形成。因此，只有在良好的环境下进行刺激，形成良好的反应，才能最终形成良好的习惯。

二、阅读习惯

阅读习惯是通过阅读的训练和刺激，对人的心身产生影响的行为和习惯。良好的阅读习惯是有益于人的成长的阅读习惯；不好的阅读习惯是消遣或打发时光甚至有损于心身健康的阅读行为。阅读推广的目标是要培养良好的阅读习惯，摒弃不好的阅读习惯。到底怎样培养良好的阅读习惯呢？叶圣陶曾经说：“试问，养成读书的习惯，不教他们读整本的书，那习惯怎么养得成?”叶老认为必须叫学生阅读整本书，才能养成阅读习惯。就这个观点来说，目前我国的中小学教材都不是以整本书的形式来进行阅读教学，大多是以经典片段来进行阅读教学，那么它就不是以最佳的方式进行阅读刺激，同时很难产生同一种良好的阅读反应，很难形成良好的阅读习惯。但从另一层面来讲，设置良好的阅读环境，最重要的是控制阅读内容，只有安排好阅读训练的内容，让读者阅读有益于人生发展的书，才能通过对阅读者进行良好的阅读刺激，产生良好的知识获取、良好的人生发展和人格完善的反应，从而形成良好的阅读习惯。这个层面上，中小学教材选取的内容都是经典内容，说明国人一直处于良好的阅读环境中，只是缺少整本书阅读的刺激。因此，良好阅读习惯应通过整本经典阅读的刺激，进行反复的经典阅读训练，以经典阅读指引人生发展和人格完善，并以此形成经典阅读和良好人生发展的稳定关系，从而建立良好的阅读习惯。朱自清在《经典常谈》一文中明确表示，在中等以上的教育里，经典训练应该是一个必要的项目，他主张通过阅读经典原典进行训练，激发阅读兴趣，养成良好的阅读习惯。①从这个角度出发，综合中外历史上名家的阅读经验，一个具有良好阅读习惯的人应具备以下特点：崇尚阅读经典、有专门的阅读领域、反复阅读。

（一）崇尚阅读经典

崇尚阅读经典是良好阅读习惯的核心特征。长期以来，阅读经典一直是人们获取知识的主要途径，在信息社会，我们需要“重返经典阅读之乡”。读书贵在读经典、读源头。从源头上读书好比从树根上切一块，培植起来可以自己再生根发芽以至成长壮大；读转述性的书好比在参天大树的枝头上折下树枝。树枝再大，一离开参天大树就枯死了。在我国阅读史上，伟大的思想家无一不是拥有良好阅读习惯的人。“述而不作，信而好古，窃比于我老彭。”“我非生而知之，好古，敏以求之也。”孔子的两个好古，表明他的立场，这样一个伟大的人，也自认为他的知识是因为自己虔信而爱好阅读古代经典得来的。《荀子》也有记载：“学恶乎始？恶乎终？曰：其数则始乎诵经，终乎读礼；其义则始乎为士，终乎为圣人。”②刘勰家贫，不婚娶，积十余年，遂博通经论，③终作《文心雕龙》，成为后人楷模。近有张之洞著《书目答问》，梁启超、胡适给清华大学学子的书目，他们无一不主张读书必须读经典。徐雁曾经为书所困，但作为一个拥有良好阅读习惯的人，他如是说：近几年随

①朱自清.经典常谈[M].上海：上海古籍出版社，2006:1.

②王先谦.荀子集解[M].北京：中华书局，2012:18.

③刘勰.《文心雕龙》译注[M].周振甫译注.北京：中华书局，2013:3.

着图书市场的繁荣，各类书五彩缤纷，极具诱惑力，简直使我感到目不暇接，因此我的阅读兴趣大增，除了文学外，我还爱上了哲学、历史，以及有关人生感悟、文化寻根方面的散文、随笔之类，这些都激起了我的阅读欲望。一会儿余秋雨，一会儿黄仁宇，一会儿又出来个李辉，一会儿对王小波的作品产生了兴趣，真是觉得书海无尽、学海无边。我顿时觉得很累，因为整天看书，但还是跟不上一个又一个阅读热点，总感到有种落伍的感觉。我真想歇一歇，抛开那些热门书，以便静一静心，于是我想起久违了的名著……于是开始看车尔尼雪夫斯基的《怎么办》、果戈理的小说。[①]回归经典，正是良好阅读习惯的体现。

（二）有专门的阅读领域

习惯总是出现在某个领域或者某个专门的生活方式中，如运动员击球的习惯、跑步的习惯都是经过长期的不断的专业训练得来。阅读习惯的养成也不例外，专门的阅读领域是良好的阅读习惯所具备的重要特征。荀子曰：伦类不通，仁义不一，不足谓善学。学也者，固学一之也。王安石在《上皇帝万言书》中说：夫人之才，成于专而毁于杂。[②]曾国藩在《致澄弟温弟沅弟季弟》中谈到求业之精，别无他法，日专而已矣。他曾在此篇中反复强调，一个人要做学问，就必须在有耐心的基础上做到专攻一门，不可泛泛而读，如："穷经必专一经，不可泛骛。""若夫经史而外，诸子百家，汗牛充栋。或欲阅之，但当读一人之专集，不当东翻西阅。如读昌黎集，则目之所见，耳之所闻，无非昌黎。以为天地间，除昌黎集而外，更别无书也。此一集未读完，断断不换他集，亦专字诀也。""若志在穷经，则须专守一经；志在作制义，则须专看一家文稿；志在作古文，则须专看一家文集。兼营则必一无所能矣。凡专一业之人，必有心得，亦必有疑义。"[③]泛泛而学，泛泛而读，泛泛而记，泛泛而写，忙忙碌碌，收益甚微。如前所说，良好的阅读习惯是要和良好的

---

①徐雁.信息时代阅读的多元化取向[J].图书与情报,2006(1):60-65.

②陈伟.中国历史典籍导读(下册)[M].高等教育出版社,2007:181.

③曾国藩.曾国藩全集 家书(一)[M].长沙:岳麓书社,2011:32,49.

人生发展产生一个稳定的关系。因此，很多人虽然养成了天天阅读体育新闻、娱乐新闻、网络小说的习惯，但不能说他拥有良好的阅读习惯，因为这些阅读习惯大多属于消遣或者打发时光。如果他在阅读新闻的同时，又在研读整本的经典，如卡普费雷的《谣言》、李普曼的《公众舆论》、拉斯韦尔的《社会传播的结构与功能》、拉扎斯菲尔德的《人民的选择》、麦克卢汉的《理解媒介》等经典著作，形成了专门的新闻传播阅读领域，这个阅读行为就和他的人生发展形成了稳定的关系，我们可以认为他拥有了良好的阅读习惯。在拥有良好阅读习惯的人当中，喜欢文学的，会搜集整书柜的中外古典文学名著；喜欢哲学社会科学的，会搜集大量的哲学社会学巨著；孔孟之书以及叶圣陶、卢梭、夸美纽斯、苏霍姆林斯基、杜威等教育名家的经典著作都会成为优秀教育工作者的案头之书。在《如何阅读一本书》中，作者认为形成良好的阅读习惯、拥有良好的阅读技巧，必须经过四个层次的训练，包括基础阅读、巡视阅读、分析阅读、主题阅读，并认为影响阅读习惯和技巧成型的最终目标就是主题阅读，在多次阅读训练中提炼主题，根据自己感兴趣的主题形成专门的阅读领域。[①]因此，专门的阅读领域是形成良好阅读习惯的必备条件。

（三）反复阅读

前面讲过，习惯是刺激、反应和两者之间的稳定关系。习惯是通过不断的重复同一种行为或者动作训练而成。因此，反复阅读是养成良好阅读习惯的手段。任何文本，读者通常很难经过一次性阅读就能完全理解。但世界上存在的大部分文本是不值得反复阅读的，也就是说，这些文本看与不看，对人的影响力有限，因此无法影响到人的阅读习惯。只有那些能够通过反复阅读影响人的成长和价值判断的文本，才能对读者的阅读习惯产生影响。这些文本就是经典文本。古代士人，无一不是从小通过反复阅读经典并熟读背诵，

①艾德勒，范多伦．如何阅读一本书[M]．郝明义，朱衣译．北京：商务印书馆，2004：18-21.

从而养成良好阅读习惯的。荀子曰：诵数以贯之，思索以通之。[①]东汉贾逵好《春秋》《左传》，常自课月读一遍。三国时期董遇云：读书百遍而义自见。[②]熟读唐诗三百首，不会吟诗也会吟。史传北宋开国宰相赵普一生读书只读一部《论语》，而有“半部论语治天下”之说。[③]梁启超为清华学子而作的《国学入门要目及其读法》一文中，每本经典的读法都会提到多次翻阅、熟读成诵等话语，足见反复阅读对习惯的养成和意义的理解是非常重要的。[④]

以上论述了良好阅读习惯的培育以及拥有良好阅读习惯者具备的三大特点，希望能给我国红红火火的阅读推广活动一点启示。在阅读推广中，要实现其培养读者养成良好阅读习惯的目标，一定要围绕经典阅读来进行。图书馆各界应在阅读推广中，抓住阅读推广的核心目标，适当放弃一些时尚表面活动和边缘活动，持之以恒以经典阅读为主来进行阅读推广，从而实实在在帮助读者建立良好的阅读习惯，这样才能取得成效。

①王先谦．荀子集解[M]．北京：中华书局，2012：18．

②陈寿．三国志[M]．长沙：岳麓书社，1990：342．

③孙立明．先生的读书经[M]．北京：首都经济贸易大学出版社，2014：81．

④梁启超．梁启超讲读书[M]．天津：天津古籍出版社，2005：1．

经典阅读习惯的课程培养

在海外的通识教育中，以经典阅读为主要形式的核心文本教学占有重要地位。多年来，美国大学核心文本与课程协会致力推广经典教学。国内大学领导越来越多认识到经典阅读在通识教育的核心作用，如北京大学、清华大学、复旦大学、中山大学等，都开设了以经典为核心的通识教育课程。①目前，我国高校图书馆开展了大量的经典阅读推广活动，如编制推荐书目、设立经典阅览室、组织读书会或阅读沙龙、安排图书作者讲座、开展有奖征文以及发行阅读指导刊物等。②通过阅读课程推进经典阅读推广方面，高校图书馆还在尝试和探索阶段，主要有以“阅读学”课程推进阅读推广、“大学生阅读素养”课程、“优秀著作选读”课程的探索和实践、基于阅读推广的通识教育课程，另外有阅读疗法的相关课程等，有些高校将经典阅读嵌入文献检索课中。③阅读推广课程的积极探索和创新使阅读推广向纵深发展，但是这些课

①张亚群，冯寅.经典的价值——“大学通识教育联盟”四校的传统文化课程评析[J].深圳大学学报(人文社会科学版)，2016(3)：148-155，160.

②王丽丽.大学校园：经典阅读推广的突破口[J].图书馆杂志，2016(4)：20-21.

③张怀涛，王晓美，朱振宁.以“阅读学”课程推进阅读推广[J].河北科技图苑，2016(6)：76-78，82.

程目前普遍存在着考核形式化、难以进行过程性评估、信息技术利用缺乏等问题。常熟理工学院图书馆在“五维一体”大学经典阅读推广体系的基础上，进行实践尝试，积极实施深层的阅读推广措施，借助推广体系，引入移动学习平台，开设了“经典导读”公选课课程。该课程力图通过经典阅读的教学实践，提升阅读推广效果。

一、融合双目标的高校图书馆经典阅读课程

高校图书馆实施经典阅读课程，基于两个目标：一是完成课程教学目标，使学生认识阅读经典的意义，并通过一系列的课程训练，增强学生阅读能力、思维能力、写作能力和表达能力；二是实现阅读推广目标，将经典阅读推广的各种形式和方法在课程中实施，以达到培养学生的阅读兴趣、阅读习惯，提高学生的阅读效果。课程教学目标是强制性的目标，必须在课程结束后达到，而阅读推广目标相对松散与宽泛，难以评价。经典阅读课程将课程教学目标和阅读推广目标相结合，从而实现阅读推广目标的可控性，在课程结束后，两个目标同时达成。

在目标的导向下，图书馆阅读推广团队作为组织教师申报经典阅读课程。由图书馆制定课程内容和形式，确定课程考核要求，以达到双目标的实现。

（一）课程内容

经典阅读课程内容的搭建在很多高校都已经存在，但都往往是某一门学说宽泛的介绍，某一段历史时期重要历史事件的列举，或者是美术、音乐或电影等艺术作品的简单欣赏，浮光掠影地讲授，带给学生的是大量零碎的信息以及短暂肤浅的认识，缺乏深刻的体味和领悟，更勿论深层次的思考和有效的创新。课程前期有很好的基础。在已经建设好的经典阅读推广体系中，学校已经为大学生制定了阶梯式阅读的30本经典书目，并确定了从一年级到三年级的各个年级每年必须阅读的10本经典，并为每本经典配备了一个导师。基于这个条件，课程选修成员限定为同一年级的学生，课程的内容是学校规定本年级10本必读经典的导读。学生在一个学期读完需要一学年才能完

成的10本经典确实是有难度的，因而并不要求学生10本经典都阅读完成。课程团队希望通过经典的阅读训练，授之以渔，使学生触类旁通，能在结束课程之后，拥有阅读其他经典的技巧、审思和鉴赏等能力。因此学生阅读内容只被要求在一个学期内完成三本经典整本阅读并精读一本经典即可。

（二）课程形式

根据教学目标，该课程采用了学生课下阅读、线上互动分享、课上导师导读、课上学生表达和讨论，实现将传统阅读与网络阅读、传统课堂与翻转课堂、学生主体探讨、激励机制等相结合的课程形式。整个班级在开班第一课分成10个小组，根据课程内容，每个小组认领一本经典，展开对该本经典的精读。课程主体是13次课，包括阅读方法与技巧讲座、写作方法与技巧讲座、诵读方法与技巧讲座、10本经典导读交流。除了前3次讲座为导师传统课堂讲授外，10本经典导读交流课全部由10个认领小组分别负责，每个小组负责一次课。小组在课堂上进行经典重现活动如经典片段诵读、经典片段舞台剧节目、阅读感悟分享等，邀请经典导师导读答疑，整个过程由小组设计并主导。学生在完成本组经典阅读、撰写书评之后，要求继续完成另外两本经典阅读，并积极参与其他小组的阅读活动中。

课程利用了移动学习平台、经典测试系统和即时通信软件作为辅助教学手段，并为此建立了班级经典阅览室，起到了很好的效果。

1.移动学习平台：控制阅读过程

随着互联网的不断发展，高校信息化的不断完善，尤其是移动智能终端的出现，翻转课堂、微课的创建，移动学习平台的发展打破了高校传统课堂授课方式。本课程主要借助蓝墨云班课的利用，形成翻转课堂，并依靠蓝墨云班课，达到对学生阅读过程的控制。

蓝墨云班课是在移动终端上运行的一款软件教学平台，它包含了课堂点名、课堂提问、知识点检测、课件及阅读资料上传、作业或小组任务发布与提交、作业批改与互评、测试、投票问卷、头脑风暴、答疑等诸多功能。根据课程的需要，我们主要使用了其中几个相关的功能。利用资料上传功能，教师将课程要求、课件以及每本经典的电子书上传到平台，供学生查看。利用任务发布和提交功能，教师可以每天发布阅读任务，要求学生按照阅读任务进行阅读，并在任务完成后提交到蓝墨云班课，教师根据学生每天的阅读进度和内容提出建议和改进方法。每天发布的阅读任务包括记录阅读的页码、摘抄引起共鸣的经典片段或者优美的经典片段、撰写阅读感悟。利用互评功能，教师和学生都可以为班级的其他学生的阅读情况进行评价和打分，形成了互动和深体验。利用测试功能，在每个小组读完本组经典之后，课堂上教师可以设计一些小测试以检验阅读效果。利用投票和头脑风暴功能，可以了解到学生的阅读状态和解决相关问题。

2.经典重现：实现翻转课堂

翻转课堂是在信息化环境中，课程教师提供学习资源，学生在上课前完成对学习资源的观看和学习，师生在课堂上一起完成作业答疑、协作探究和互动交流等活动的一种新型的教学模式。经典阅读课程要求学生从开课之时起就进行经典阅读，尤其是第一小组要负责第一次经典重现课程，所以小组成员要利用前三次传统课堂的时间，努力完成整本经典的阅读，才能有效地实施翻转课堂。每个小组负责的课程中，以舞台剧、经典片段诵读、书评分享、经典导师导读和互动为主要形式进行经典重现活动。小组成员要分工合作，进行课程的设计和策划。由组长撰写策划书，提前两个星期开始课程准备工作。准备工作包括流程的设计、书评的收集和评选、主持人的确定、幻灯片制作、主持稿、节目彩排、邀请导师、海报的制作等。课程结束后还要求小组安排撰写新闻稿。在这个过程中，课程教师团队竭尽所能为学生提供帮助，导师在收到书评后积极评阅。为了展现更强的表现力和高质量，课程团队要对每次课程的彩排进行把关，并邀请口才表达专业教师对学生进行指导。通过课堂的经典重现，一方面提升小组成员组织能力、表达能力和对经典的理解能力，另一方面向其他学生传递经典意义，引起他们阅读该经典的欲望，以达到推荐经典的效果。

3.经典测试系统：检查阅读效果

经典测试系统是学校为了控制学生经典阅读效果而开发的。每本经典由导师出题形成一个题库。测试系统的使用利用了学习迁移理论，希望学生将原有的学习经验转移到经典阅读中来，从而实现利用测试来检查和评价经典阅读效果。我们在长期的阅读推广活动中发现一个问题，大部分学生会在阅读推广活动中表达了对经典阅读的渴望，一旦活动结束，阅读行为会中断，因此，为了使阅读行为延续，学校开发了测试系统，并为测试系统制定了整体的激励措施，以检验学生是否整本研读了经典。我们使用了这个测试系统，以全面了解学生阅读经典效果。

4.即时通信软件：促进互动交流

即时通信软件在教学中的运用也是非常重要的，能对教学和学习行为产生深刻的影响。它为课下的交流和联系、任务的强化和指导、学生问题的解答等提供了非常便利的手段和方式。在经典导读课中，即时通信工具的作用主要表现在阅读过程中产生的问题的交流、书评的搜集、小组的讨论、课程设计的交流和联系等几个方面。它弥补了移动学习平台的不足。

5.经典阅览室：营造阅读环境

经典阅览室的设立，一方面可推动大学生经典阅读，另一方面可促进大学开展通识教育，而阅读经典文本是通识教育的基础与核心。[①]经典阅览室的作用非常大，它可以为全校学生开设或者协助开始经典教育课程，也可以个性化定制经典阅读计划，举办经典阅读读书会等交流活动，围绕某一本经典著作开展渐进式阅读活动。基于此，课程团队认为很有必要设置经典阅览室。根据经典阅读课程的实际情况，我们为全校学生建立了经典阅览室，书目包括30种书目的选定版本，每种经典包含20个复本；相关书如对经典的解读书籍、研究著作、各种不同版本等，搜集罗列在书架上，供学生参考阅览。另外，在经典阅览室里，我们放置了30个导师的介绍和经典导读语，以往的优

①王余光，王媛.高校图书馆设立经典阅览室与经典教育[J].大学图书情报学刊，2014(6):5-10.

秀书评展示以及各种与经典导读课程相关材料的展示，以营造浓厚的经典阅读氛围。每周课程，也就在经典阅览室里开设。

（三）课程考核要求

课程考核包括阅读习惯的训练、写作的训练、表达能力的训练，这三个部分加上最终的经典测试成绩，每个部分以一定的权重，形成课程考核成绩。

阅读习惯训练的成绩，主要由每天阅读任务的完成情况确定。阅读习惯的形成需要长期的训练，因此，课程将习惯训练分为三个等级。第一级是每个学生有连续21天不间断的阅读任务提交，达到这个要求是总成绩的及格标准。第二级是连续提交49天，可以获得良好分数。第三级是连续提交81天，可以获得优秀分数。另外，蓝墨云班课中的互动点赞和互评功能，会提升学生在蓝墨云班课中的经验值，为了加强互动、交流和体验，经验值的高低也作为最后阅读习惯训练成绩高低的一项指标。

写作训练的成绩，主要由书评的数量和优秀程度来确定。每个学生必须上交三篇以上的原创性书评，每个小组的学生必须撰写该组经典的书评。所有书评要交给经典导师评选。优秀书评才能在课堂中进行交流和分享。三篇书评是及格的标准，优秀书评是良好以上的标准。

表达能力训练的成绩，主要由经典重现的表现来确定。小组所有成员必须有上台交流和表现的机会，成绩根据小组的整体表现和个人的表现综合给出。

经典测试成绩由系统统计得出。测试成绩达到60分是最低标准，只需要一本经典的测试达到60分即可。在经典测试中，学校经过一系列的实验，最终得出一个比较客观的分数：每本经典测试在45分以上者，即可确定该学生已经仔细阅读了整本经典。但在经典阅读课程中，学生对该组经典需进行精读、反复阅读和掌握，因此将要求略有提高。

二、基于课程目标的结果统计与问卷调查

本课程结束后，我们在蓝墨云班课进行了统计和问卷调查。在阅读习惯

的形成上，94%的学生能坚持21天的连续阅读，80%的学生提交阅读任务超过49天，30%的学生提交阅读任务超过100天；90%的学生认为自己的阅读习惯已经形成；66%的学生认为自己已经深深地喜爱上了经典阅读；80%的学生认为大学里养成一个好的习惯更重要，远远超过专业学习的20%；而88%的学生认为一个好习惯的养成除了要靠自身的坚持，更需要来自外界的激励、推动和长期的监控。在其他能力的提升方面，100%的学生认为导师导读、摘抄和感悟、互动和评价等形式有助于对经典的理解，帮助思考和鉴赏能力的提升；100%的学生提交了三篇书评，40%的学生获得了优秀书评奖，71%的学生认为写作能力得到了提升；92%的学生认为自己在表达能力上有较大收获。课程结束后的经典测试成绩统计显示，每个学生都达到了60分的标准，最高的学生能达到100分，效果非常明显。经典阅读课程完成了预期目标。但是写作能力提升是一个漫长的过程，而且得到的指导过少，因此不少学生认为在这方面需要加强。

三、高校图书馆经典阅读课程特征

（一）课程的延伸性

本课程的延伸性表现在两个方面：其一，本课程成为学生课余时间阅读的基础和起点。本课程已经不是简单的课程，而是贯穿了学生的整个学期的每一天，包括双休日和节假日。学生必须利用空余时间阅读经典，养成经典阅读习惯，还要利用空余时间围绕经典进行其他能力的训练。常熟理工学院大学生经典阅读工程实施的美好愿望就是让经典阅读充满了学生的课余时间。其二，本课程不是单一知识的传授，而是综合能力的提升。学生在完成阅读经典任务的同时，完成与阅读经典相关的审思、鉴赏、表达和写作等能力的提升。

（二）课程的扩展性

课程中的主要任务是完成每个小组成员的能力提升，还有一个重要的任务，就是推荐该经典。每个小组要策划经典重现活动来实现推荐经典。因此，小组成员必须认真阅读经典，理解经典，并思考经典的人生意义，通过团队合作、相互帮助，才能有效地进行经典重现。在扩展性方面，由于课程由图书馆承担，本课程的每一次课都被扩展成一次完整的经典阅读活动，形成了有策划、有过程、有预算、有效果评价和传播手段的活动形式。每次课程最终面向全校师生开放，以网络预告、海报和新闻等多种形式进行宣传，吸引了不少的课外学生涌入课程参与活动。

（三）课程的融合性

本课程几乎包含了高校经典阅读推广的所有形式，它表现了两个方面的融合：一是推广形式的融合，将经典书目推荐、阅读环境建设、经典阅读效果评价、经典阅读交流活动等融合在一起，形成了一个体系。图书馆以课程建设为契机，利用课程建设经典和学校的专项经费，大力建设基于课程的阅读推广相关设施，比如经典阅读室、研讨室、诵读室、网络平台等环境建设。二是团队的融合。图书馆通过课程的建设，最终形成图书馆经典阅读推广人队伍的建设、经典阅读导师团队的聚合、优秀学生阅读推广人的培育，并将这三者通过课程有效地融合在一起，形成团队。在课程中，图书馆阅读推广人作为课程组织教师，能力得到了多方面的提升；经典导师对参与经典阅读都抱着强烈的责任心和荣誉感，积极主动，通过导读引导和互动交流，帮助学生理解经典、理解人生的意义并形成良好的三观；小组的组长由于承担了重要的组织任务，得到了很好的课程训练，大部分组长最终成长为优秀的学生阅读推广人。这是一种典型的共同体模式。共同目标、身份认同和归属感是共同体的基本特征，也是共同体赖以生成的基本要素，在这个团体中，这些要素都非常明显地体现出来，因此，我们把这种融合的模式称为阅读共同体。

（四）课程的文化性

文化是一个整体，这个整体包括资源、信仰、习惯等。中国人的阅读传统是经典崇拜。在本课程中，学生通过阅读经典形成阅读习惯，课程团队在课程结束后将成员所产生的各种成果予以固化。这些成果包括课程设计、优秀书评集、阅读过程展示、策划书、海报、新闻、经典重现的各种形式、激励机制等，加上经典阅读环境建设，通过图书馆的提升和展示，形成经典阅读共同体文化。经典阅读文化的形成，使课程中团队精神得以流传，达到了增强成员凝聚力和信任度的效果，展现了经典阅读过程中优秀成员的一面并使之成为后来者的榜样，有助于图书馆经典阅读的长期发展和校园经典阅读氛围的建设。

四、关于高校图书馆经典阅读课程建设的思考

有研究认为，我国中小学生在应试压力下，被挤占大量的阅读时间，很难培养阅读的兴趣和习惯。高校图书馆应该承担起培养大学生阅读习惯的责任，经典阅读课程是帮助大学生提升阅读体验、养成良好阅读习惯、培养各种能力的最佳方式。在实践中我们发现，高校图书馆开设经典阅读课程应注重以下几个方面，才能保证课程的有效性及双目标的实现。

（一）注重提升图书馆阅读推广人的经典阅读素养

阅读推广人做阅读推广，自己首先必须是个阅读者，或者好的阅读者，而且需具备一定的阅读素养。阅读推广进行了这么多年，高校图书馆阅读推广人已经积累了大量活动经验，但并不意味着他们拥有经典阅读的能力和技巧。阅读推广人把大量的时间和精力投入活动组织当中，就会缺少对自身阅读能力的提升。阅读推广人要在经典阅读中形成凝聚力和影响力，对经典的理解不能落在学生的后面，需进一步提升自己的阅读习惯、扩展阅读内容。因此，阅读推广人团队自身也要组织经典阅读，养成经典阅读的习惯，开设经典阅读沙龙，彼此之间探讨经典的意义，提升经典阅读的各种能力，才能使自己充满从事经典阅读推广的精神活力。常熟理工学院阅读推广团队在经典阅读推广过程中利用蓝墨云班课相继组织了《悲惨世界》《共产党宣言》《论语》等经典阅读活动和线下沙龙，起了较好的效果。

（二）注重与各院系教师的合作

在经典阅读推广中，阅读推广人面对经典的导读经常会存在无力感，因此需要各个专业的专家学者参与经典阅读推广中来。教师对于导读工作的重要价值已经被越来越多的高校图书馆关注。高校图书馆不是行政职能部门，无法用行政方式来调动学生和教师来参与经典阅读。在经典阅读推广过程中，图书馆要多方开展和院系专家学者的合作，利用自身的优势吸引他们参与经典阅读。高校图书馆在长期的信息咨询工作中，不断帮助学校教师开展教学和科研工作，与学校的知名专家学者一般都有良好的合作关系，在经典阅读推广中也可以利用这层关系，邀请他们参与对学生经典阅读的指导。图书馆要给这些专家学者提供良好的环境，有条件的图书馆可以建立专家研讨室，开设与其学术研究相关的专题阅读室，邀请专家长期入住。当然，最好是学校出面给予专家的经典导师职责和待遇，这样图书馆就可以理所当然地联系经典导师参与阅读推广活动。另外，退休教师参与经典阅读推广活动在时间和经验方面具有非常大的优势，高校图书馆可积极与关工委离退办合作，发挥退休教师的余热。常熟理工学院图书馆经典阅读推广品牌活动“三代同堂共读经典”，就是与关工委、各院系一起合作举办，产生了良好的效果。

（三）注重阅读过程陪伴

据一项调查显示，死活读不下去的书排行榜，前十名全部是经典著作。经典为什么会读不下去？除了部分经典在被阅读时读者感觉枯燥之外，它的权威性造成了读者对经典的敬畏，而敬畏心理引起了读者的自卑心理，读者总觉得自己没有能力理解和阅读这些文本。心理素质较差的读者甚至会认为身边没有人读经典，不能标新立异，同时认为以自己微薄的见识难以与经典对话，从而在面对经典时造成一种羞耻感。鉴于此，仅仅依靠经典书目推荐或者一次性经典阅读活动，很难解决这个问题。解决这个问题的方式是引导和陪伴。间接而有效的引导加上温暖的陪伴，能起到解除羞耻和自卑心理的良好效果。教师要将经典阅读的各种成功经验和历史以叙事的方式进入课堂，帮助学生树立自信。叙事不是一种直接的硬性要求，只是一种陪伴，在陪伴中给人以温暖、共鸣和启示。他人的叙事犹如一面镜子，讲述的是他人的故事，却能映照出自己的生活。在经典阅读课程中，阅读推广人的引导，导师对经典阅读意义的阐述，都能对学生产生积极的作用。最关键的部分在于，导师或者阅读推广人要让学生知晓，不只是他们在阅读，教师们也在陪伴他们一起阅读，一起探讨经典的内容，从而使彼此之间相互认同和信任，形成了共同的归属感。陪伴是产生影响力最重要的因素。因此，阅读推广人进行经典阅读推广活动时，不应注重一时的活动效应，而应注重通过长期阅读陪伴产生良好的效果。

本阅读课程模式取得了明显的效果。在后期的推广中，我们将课程中一次课的流程剥离出来，利用激励机制，形成一种固定的阅读推广模式。利用这个模式，通过21天的短期经典阅读训练，对课程外的学生开展经典阅读活动，如一个建制班、一个院系的所有班干部、一个学生组织甚至是一个教师团队等，经过多次实践，产生了非常好的效果。我校图书馆已经不断接到来自各个院系的活动要求。通过不断建设，该高校经典课程将逐步趋于成熟，并有较强的借鉴意义和推广价值。

阅读方法：《大学》与朱熹读书思想

一、《大学》的历史影响力

根据朱熹的《四书章句集注》，《大学》章句可分为经一章、传十章。经的主要内容是三纲八目。首句包含了三纲：明明德、新民、止于至善。八目为：格物、致知、诚意、正心、修身、齐家、治国、平天下。[①]八目中，格物、致知、诚意、正心、修身为明明德之事，齐家、治国、平天下则视为新民之事。传十章主要内容是阐释三纲八目。吕留良在《四书讲义》中认为，“止于至善”是“明明德”“新民”两纲之根基，“明明德”要做到至善，“新民”也要做到至善，如果没有止于至善，则“明明德”“新民”就会落入俗套。[②]因此，在《大学》的思想中，至善是儒家知行的最高目标。

《大学》在儒学传承中的影响力非常深远，在历史上的地位大致可通过两个阶段来体现。第一阶段是《大学》作为《礼记》中的第42章，被儒家士子接受和传承。它不是单本的书，而是记载在《礼记》中的一个篇章，随《礼

①朱熹.四书章句集注[M].北京:中华书局,2011:4.

②吕留良.四书讲义[M].北京:中华书局,2017:6.

记》被阅读者解读，因此也并未体现出自身的重要价值。唐代以前的儒学史，很少有人专门论述或者单独解读《大学》篇章。汉代独尊儒术，董仲舒致力于公羊学；刘向的《七略》中，第一略《六艺略》的顺序是：易、书、诗、礼、乐、春秋、论语、孝经、小学，首推《易》，《论语》在第七位；[①]韩愈《师说》文末写道：李氏子蟠，六艺经传皆通习之。[②]这些表明，文人士子只有在熟读《易》《书》《诗》《礼》《乐》《春秋》《论语》等书之后，才有可能融会贯通那些散落在儒家六经里的深刻思想。此时《大学》还处于较低的位置，并未上升到经的地位。这个阶段儒家经典中的思想比较散乱，缺少体系，难以融合，因此即使汉代独尊儒术，当时黄老之学的影响力依然不减。到魏晋、初唐时期，玄学、佛学兴起，大众趋之若鹜，更使得儒家学说的思想地位日渐趋微。韩愈感受到危机，创作了复古崇儒的古文运动代表作《原道》，将《大学》章句中"古之欲明明德于天下者，先治其国；欲治其国者，先齐其家；欲齐其家者，先修其身；欲修其身者，先正其心；欲正其心者，先诚其意"，[③]作为重要论据，对佛老之学进行强而有力的批判。自此，《大学》篇章开始以儒家思想的重要内容逐步凸显出来。

第二阶段是《大学》作为《四书章句》的首章，成为儒家士子的入学首篇。在此，它依然不是单行本，但地位的变化使得《大学》成为儒家最重要的典籍，不但上升到经的地位，而且还成为《四书》的首经。自韩愈古文运动之后，最初将《大学》单独注解的是司马光的《大学广义》以及《致知在格物》，而后树立《大学》重要地位的是二程的《改正大学》。[④]在二程语录中，程颐曾说："《大学》，垂世立教之大典，通为天下后世而言者也。""大

①丁进.经学师法、家法与《汉志·六艺略》的家数问题[J].中国哲学史，2012(1)：19-28.

②韩愈.韩愈集[M].郑州：中州古籍出版社，2010：220.

③韩愈.韩愈集[M].郑州：中州古籍出版社，2010：189.

④李纪祥.《四书》本《大学》与《礼记·大学》：两种文本的比较[J].文史哲，2016(4)：23-44，164.

学，孔氏之遗书，而初学入德之门也。”[①]在同时代，王安石提出《春秋》为垂世立教之大典。[②]但经过后世的努力，尤其是经过朱熹的发扬，使得《大学》超越其他诸经，达到思想的顶峰。朱熹刊定《四书》，最终确定了《大学》为《四书》之首，《大学》的三纲八目成为儒学入学之门。“人之为学，先读《大学》，以定其规模；次读《论语》，以立其根本；次读《孟子》，以观其发越；次读《中庸》，以求古人之微妙处。”“大学是个大胚模。《大学》譬如买田契，《论语》如田亩阔狭去处，逐段子耕将去。”[③]朱熹在教弟子读《大学》时如是说，足见《大学》在朱熹思想体系中的重要性。

而后几百年，以《四书》为核心的儒家学说地位非常稳固，即使是历经元、宋、明、清政权更替，《四书》也并未因此而沉寂，始终成为文人士子学习的重要内容，乃至执政皇权的最高指导思想。以《四书》为核心的朱子学说，在朝鲜、日本等地也产生了非常深远的影响力。《大学》在成为《四书》之首后，甚至有人认为，仅研究《大学》一部，阐发其中意义，足以使读书人立身立德，以至于达到至善之境地，这种思想在朱熹再传弟子真德秀的《大学衍义》以及明代湛若水的《圣学格物通》中表现得最为突出。真德秀在《大学衍义》中几乎将之前的儒家经典思想都纳入三纲八目中进行阐述，以完成朱熹认为的“《大学》是一个空腔子，而今却要去填教实着。如他说格物，自家事去格物后，填教实着；如他说诚意，自家须是去诚意后，亦填教实着”。[④]儒家思想在朱熹、真德秀之后，确实变得更有系统性、更稳定、更富有战斗力和生命力。明末大儒王夫之在解读《大学》时，直接将《大学》视为“圣经”，由此可见《大学》在儒家学者中拥有极高的地位。[⑤]

①朱熹.朱子读书法[M].张洪，齐熙，编；李孝国，董立平，译注.天津：天津社会科学院出版社，2016:45.

②杨新勋.王安石《春秋》“断烂朝报”说辨正[J].中国典籍与文化，2004(2):62-65.

③黎靖德.朱子语类[M].武汉：崇文书局，2018:186，187.

④夏福英，姜广辉.建构“帝王之学”的知识体系——真德秀《大学衍义》“格物致知之要”解析[J].中国哲学史，2015(1):34，42-49.

⑤陈群.明清之际的《大学》诠释研究——以刘宗周、王夫之、陈确为中心[D].武汉：武汉大学，2015.

二、朱熹读书思想的流传

朱熹读书思想蕴含着重要的经典阅读推广理论，后人将其总结为循序渐进、熟读精思、虚心涵泳、切己体察、着紧用力、居敬持志六条。自南宋以来，朱熹读书思想对我国学者士人的阅读活动影响深远，如程端礼的《读书分年日程》、王应麟编撰的《三字经》以及各种书院如紫阳书院、白鹿洞书院等制定的读书日程，都秉承朱熹读书思想进行阅读和育人实践。朱熹门人及其后人对朱熹读书思想的整理和传播起到了重要作用，如辅广、黄士毅、黎靖德、张洪、齐熙等人。辅广编撰了《朱子读书法》，张洪、齐熙在辅广原本的基础上增添大量有关朱熹读书治学的内容，形成了定本的《朱熹读书法》，后被收入《四库全书》，流传广泛；黄士毅编撰《朱子语类》读书法两卷，黎靖德在黄士毅原本的基础上增加删改了很多内容，形成了固定的《朱子语类》读书法两卷，后也被收入《四库全书》，因其是《朱子语类》的一部分，因此只有读到《朱子语类》，才能接触到两卷读书法，传播相对弱一些。自朱熹编撰的《四书》成为朝廷取士的教科书之后，大量学者对朱熹读书思想进行了研究，其中有王守仁、王夫之、曾国藩等著名思想家，也有陈澧、张伯行、钱穆、吕思勉等诸多名士，可以说，南宋末期至民国，几乎所有立志为学之人，都会受到朱熹读书思想的影响。改革开放以来，对朱熹思想的研究开始蓬勃发展，其中涉及朱熹读书思想的研究越来越多，但研究者大多以中小学教育为对象进行朱熹读书思想理论和实践研究，影响力较大的如存少辉的《谈“朱子读书法”对中学语文阅读教学的借鉴》①、邓露兰的硕士论文《朱子读书法对初中语文阅读教学的启示》②等等。也有少量关于朱熹读书思想对高校的影响研究，除了仝召燕的《试论“朱子读书法”及其对我国高等教育

① 存少辉．谈“朱子读书法”对中学语文阅读教学的借鉴[J]．教育理论与实践，2007(20)：57-58.

② 邓露兰．朱子读书法对初中语文阅读教学的启示[D]．贵阳：贵州师范大学，2016.

的启示》的单篇研究外，[①]其他大都分散在朱熹道德教育思想对高校思想政治工作的影响研究中，如庄梅兰的《朱熹知行统一德育方法及其对高校德育的启示》[②]、李豪坤的《朱熹道德教育思想对新时代高校思想政治教育的启示》[③]等。在阅读推广研究方面，学者们逐渐重视对经典阅读推广的研究，很多专家在解读经典阅读推广时都提及朱熹读书思想对提升经典阅读推广效果有重要作用，如朱永新、王余光、曾祥芹、徐雁、王波、张怀涛等著名学者，南京大学徐雁的《从苏轼到朱熹："选精读熟"观的方法论探析》，[④]对朱熹等人的读书思想做了方法论方面的探索。朱熹读书法在"循序渐进"一项中，秉承二程的为学读书的传统，将《大学》视为成人入学之门。在高校经典阅读推广中对《大学》与朱熹读书思想进行探索和实践，有重要的现实意义和指导意义。

三、《大学》与朱熹读书思想对高校经典阅读推广的现实意义

对于阅读推广的概念，理论界已经有大量的研究成果，王波对此提出的理念颇具代表性，他认为：阅读推广，就是为了推动人人阅读，以提高人类文化素质、提升各民族软实力、加快各国富强和民族振兴的进程为战略目标，而由各国的机构和个人开展的旨在培养民众的阅读兴趣、阅读习惯，提高民众的阅读质量、阅读能力、阅读效果的活动。[⑤]从概念中可以看出，它蕴含的理论表达为：阅读推广是要推动人人阅读，以提高人类的文化素质。这种表达，可以认为是《大学》首句中"新民"思想的一种体现。就全民阅读来讲，

①仝召燕.试论"朱子读书法"及其对我国高等教育的启示[J].教学研究，2008(5)：381-383.

②庄梅兰.朱熹知行统一德育方法及其对高校德育的启示[J].阜阳师范学院学报(社会科学版)，2013(2)：82-85.

③李豪坤.朱熹道德教育思想对新时代高校思想政治教育的启示[J].开封教育学院学报，2019(10)：183-184.

④徐雁.从苏轼到朱熹："选精读熟"观的方法论探析[J].图书馆杂志，2019(4)：4-11.

⑤王波.阅读推广、图书馆阅读推广的定义——兼论如何认识和学习图书馆时尚阅读推广案例[J].图书馆论坛，2015(10)：1-7.

在国家和多个省的《全民阅读促进条例》中，第一条就规定，全民阅读是为了提高公民的思想道德素质和科学文化素质，培育和践行社会主义核心价值观，传承中华优秀传统文化，推动社会文明程度显著提高。①这一条里包含的价值观，与《大学》三纲中"新民"与"止于至善"的思想和理念一致。阅读本身是一种格物致知的行为，读者能够通过阅读经典，做到知行合一，这是"明明德"的一个过程。因此，阅读推广的目标和《大学》中的三纲有极高的吻合度，探讨《大学》对于高校经典阅读推广的作用，是非常有意义的。

（一）《大学》对高校经典阅读推广的指导作用

子曰："吾十有五而志于学。"古代人在十五岁之后，可以开始进入大学学习。但并非所有人都要学习和阅读圣贤经典。《论语 · 学而》中有两句话，一是"贤贤易色；事父母，能竭其力；事君，能致其身；与朋友交，言而有信。虽曰未学，吾必谓之学矣"；二是"弟子，入则孝，出则悌，谨而信，泛爱众，而亲仁。行有余力，则以学文"。这表明，并不是所有的人都需要为学读书，去致知穷理。普通人不做学者，只要行得正、坐得端，专事稼穑等也可以生活得美满幸福。

古代哪些人可以进入大学读书，朱熹在《大学》章句序中有明确区分："盖自天降生民，则既莫不与之以仁义礼智之性，然其气质之禀或不能齐，是以不能皆有以知其性之所有而全之也。一有聪明睿智能近其性者出于其间，则天必命之以为亿兆之君师，使之治而教之，以复其性。"而后又说："庶人之子弟，皆入小学，及其十有五年，民之俊秀，皆入大学，教之以穷理、正心、修己、治人之道。"②这两段话说明，教之以《大学》者，是天下聪明睿智能达到崇高道德的人，同时包含庶人中俊秀者。这类人如果放在当代就是大学生。

当今，虽然新的大学教育不再以四书五经作为教科书来实施教学，但

①吉林省第十二届人民代表大会常务委员会.吉林省全民阅读促进条例[J].吉林人大,2017(9):9-12.

②朱熹.四书章句集注[M].北京:中华书局,2011.

《四书》的影响力并未就此下降，尤其是《大学》章句，依然有强大生命力，这体现在《大学》三纲八目中的很多内容，如格物、致知、正心、修身、明明德、止于至善等耀眼的词语，频繁地出现在各大高校校歌、校训之中。在高校学生的培养目标中，《大学》所蕴含的思想能够通过各种表达方式体现出来。高校阅读推广的宗旨就是提升大学生的综合人文素养，使之进入社会不断通过阅读和学习，达到"明明德"的思想高度，进而提升社会担当，行使"新民"的义务。由此可见，一直以来，《大学》从未脱离对高校图书馆阅读推广活动乃至高校教育活动的指导。

从《大学》对于古人为学的重要性来看，《大学》应当成大学所有入学者的首要学习内容。但目前高校并未因为《大学》里蕴含了人类至高的价值观，就将《大学》的习读纳入通识教育中，因此，高校图书馆在经典阅读推广方面正好可以倾其力做好这一课。将《大学》作为核心内容，向新入学的大学生开展阅读推广，无论是针对高校的人才培养目标，还是图书馆阅读推广工作，都是极其有益的。

（二）《大学》对高校图书馆阅读推广人的教育作用

阅读推广人的培训与教育追溯到2013年7月在浙江绍兴县图书馆举办的"首届全国阅读推广高峰论坛"，王余光先生在论坛中认为图书馆界需要造就一支理念新、专业强、技能高的阅读推广人才队伍。[①]这句话蕴含很深的意义，阅读推广人必须是拥有好的思想理念和强大力量并能影响他人的人。高校图书馆阅读推广人承担着大学生这一高层次人才的阅读推广任务，必然要先自身"明明德"，才能做到"新民"，如果自身未做到"明明德"，去除自身的旧染之污，擦亮眼睛，就无法担当起革新他人的重任。自身无法到达"至善"，也就无法将"至善"迁移至他人，所做的行为不但会蒙蔽自身，更会带歪一群正在渴望成长的大学生。阅读推广人要在思想上和行为上提升自己，才能达到这个高度。在思想上，高校图书馆阅读推广人利用《大学》的学习来提升自身的思想高度，可从以下几个方面着手：第一，通读熟读《大学》

①王余光.书外剩语:《阅读推广人系列教材》的编纂[J].图书馆杂志,2016(4):11-12.

章句，熟悉其中的内容和句子，理解三纲八目；第二，搜集有关《大学》的注解，细心研究历代重要人物对于《大学》内容的解读，以了解大学对于修己治人的深刻思想内涵；第三，《大学》自朱熹以来成为儒家首要经典，因此熟练掌握朱熹读书法，可以帮助阅读推广人更加深入领会《大学》思想，能更有效地在高校开展经典阅读推广工作。在行为上，高校阅读推广人可以从《大学》中领会"苟日新，日日新，又日新"等行为来开展和实施与培养读者阅读习惯有关的推广活动；以"如切如磋，如琢如磨"的行动来使自己和读者到达"止于至善"的思想境界；要时刻警醒自己遵守"宜其家人，而后可以教国人""宜兄宜弟，而后可以教国人""父子兄弟足法，而后民法之"等信条，先做好自己，修身之后齐家，使亲人相宜，然后才能做到"新民"，以言传身教为主、有效地开展高校阅读推广工作。这些对于目前在从事阅读推广工作的所有人来说，都是值得重视的。很多阅读推广人，自己不读书，却热心于阅读推广，在热门活动、新奇的活动形式和热门书中追逐，本末倒置，不如潜心研读《大学》，先在家庭中建设良好的阅读环境，养成良好的阅读习惯，涵养情操，居敬持志，循序渐进，然后持守力行，逐步做到"明明德于天下"，争取做一个合格的阅读推广人。

（三）朱熹的《大学》阅读思想对高校阅读疗法的支持作用

精神病患者，除了应该接受医药方面的治疗外，采用阅读疗法，可以起到一定的积极作用。阅读疗法是针对治疗精神病患者而言的。阅读疗法的对象应为拥有阅读能力和理解能力的精神病患者。高校读者是文化层次较高的读者，因此高校图书馆开展阅读疗法，其效果是显而易见的。从宫梅玲等人的实践来看，阅读疗法的书目主要是各种心理普及杂志、《生命的重建》等书目，有一定的效果。[①]王波的阅读疗法经典书目具有积极的意义。但很少有研究者将《大学》纳入阅读疗法中，王波在《宋元时期的阅读疗法思想和案例》和《阅读疗法原理》[②]中稍微提到了朱熹，却并未展开论述，在推荐书目

①宫梅玲，丛中．大学生心理问题阅读疗法研究[J]．中国图书馆学报，2004(2)：97-98.

②王波，傅新．阅读疗法原理[J]．图书馆，2003(3)：1-12.

仅仅提及《四书》中的《大学》，并未论述《大学》对阅读疗法的作用。考察《朱子语类》的内容，发现其中关于阅读和治病的言论高达1 000条，鉴于《大学》在朱熹《四书章句集注》中的重要地位，因此，在朱熹读书法中，《大学》对于阅读疗法有一定作用。

黎靖德编撰的《朱子语类》140卷中，将读书喻为吃药的语句比比皆是，先从第10卷、第11卷“读书法”上下两卷来看（每段后括号为笔者的解读）：

“今读书紧要，是要看圣人教人做工夫处是如何。如用药治病，须看这病是如何发，合用何方治之；方中使何药材，何者几两，何者几分，如何炮，如何炙，如何制，如何切，如何煎，如何吃，只如此而已。淳。”[①]（此段点明，读书就是要看圣人如何行事，怎样教人。在遇到精神障碍时，看圣人如何行事，习圣人的行为，病自然可解。）

“人言读书当从容玩味，此乃自怠之一说。若是读此书未晓道理，虽不可急迫，亦不放下，犹可也。若徜徉终日，谓之从容，却无做工夫处。譬之煎药，须是以大火煮滚，然后以慢火养之，却不妨。人杰。”[②]（此段说明，看圣人之书要不急不躁，慢慢涵养，才能习得圣人行为。）

“看书非止看一处便见道理。如服药相似，一服岂能得病便好！须服了又服，服多后，药力自行。道夫。”[③]（此段更加明白，看圣人之书，行圣人之事，需‘学而时习之’，‘苟日新、日日新、又日新’，才能保证精神健康。）

“但古人读书，将以求道。不然，读作何用？今人不去这上理会道理，皆以涉猎该博为能，所以有道学、俗学之别。因提案上药囊起，曰：‘如合药，便要治病，终不成合在此看。如此，于病何补！文字浩瀚，难看，亦难记。将已晓得底体在身上，却是自家易晓易做底事。’宇。”[④]（此段表明，读书不能杂博，圣人之书，看了之后，要逐步理会，亲身躬行，知行合一，才能有所得。）

①黎靖德.朱子语类[M].武汉：崇文书局，2018：122.

②黎靖德.朱子语类[M].武汉：崇文书局，2018：123.

③黎靖德.朱子语类[M].武汉：崇文书局，2018：129.

④黎靖德.朱子语类[M].武汉：崇文书局，2018：136.

朱熹读书法对后世影响之深远，自宋以来无出其右。这几段从《朱子语类》读书法中摘出，字字珠玑，对于误入歧途的读书人，极有指导意义。而有精神疾病的读书人，无一不被认为是误入歧途者。朱子读书法，便是阅读疗法的帮手。

在《朱子语类》的其他卷中，这样的比喻还有很多。对于《大学》在阅读治疗中的作用，《朱子语类》记录得更为明显。且看：

"大学'在明明德，在新民，在止于至善'，此三个是大纲，做工夫全在此三句内。下面知止五句是说效验如此。上面是服药，下面是说药之效验。正如说服到几日效如此，又服到几日效又如此。看来不须说效亦得，服到日子满时，自然有效。但圣人须要说到这田地，教人知'明明德'三句。后面又分析开八件：致知至修身五件，是明明德事；齐家至平天下三件，是新民事。至善只是做得恰好。明作。"① (此段说得非常明确，《大学》起篇就是治病救人、惩恶扬善的良药。)

"问'致知在格物'。曰：'知者，吾自有此知。此心虚明广大，无所不知，要当极其至耳。今学者岂无一斑半点，只是为利欲所昏，不曾致其知。孟子所谓四端，此四者在人心，发见于外。吾友还曾平日的见其有此心，须是见得分明，则知可致。今有此心而不能致，临事则昏惑，有事则胶扰，百种病根皆自此生。'"② (此段说明，求知不可为利欲熏心，要致其知，心不能致就会引起疾病。)

"既能禁止其心之所发，皆有善而无恶，实知其理之当然，使无待于自欺，非勉强禁止而犹有时而发也。若好善恶恶之意有一毫之未实，则其发于外也必不能掩。既是打迭得尽，实于为善，便无待于自欺矣。如人腹痛，毕竟是腹中有些冷积，须用药驱除去这冷积，则其痛自止。不先除去冷积，而但欲痛之自止，岂有此理！"③ (这段是在解释诚意章，学者需去除心中之恶，病痛自然消除。)

①黎靖德.朱子语类[M].武汉：崇文书局，2018:230.

②黎靖德.朱子语类[M].武汉：崇文书局，2018:219.

③黎靖德.朱子语类[M].武汉：崇文书局，2018:252.

"先生问:'公读大学了，如何是致知、格物?'说不当意。先生曰:'看文字，须看他紧要处。且如大段落，自有个紧要处，正要人看。如作一篇诗，亦自有个紧要处。格物一章，前面说许多，便是药料。它自有个炮燃炙焨的道理，这药方可合，若不识个炮燃炙焨的道理，如何合得药！药方亦为无用。'次日禀云:'夜来蒙举药方为喻，退而深思，因悟致知、格物之旨。'"①（此段解释致知格物，说明人如果在认知上出现错误了，就要沉下心来寻找规律和最佳的解决方法。）

"看书只是逐段子细玩味。公记得书否？若记不得，亦玩味不得。横渠云:'读书须是成诵。'又曰:'某近看学者须是专一。譬如服药，须是专服一药，方见有效。'干。"②（此段说明为学需专一，通过反复诵读培养专一的信念，避免胡思乱想的精神错觉。）

这些对于《大学》章句的解读和比喻，成为朱熹读书法和朱熹阅读治疗中的重要思想，能给人以启迪和借鉴。朱熹的弟子遇到人生困境时，在得到朱熹的解答后往往会豁然开朗，欣然有得。高校图书馆阅读推广人如果要开展阅读推广或者阅读疗法，以《大学》作为阅读推广内容，加上朱熹读书法的传授，可以起到精神上和技术上的双重支持作用，阅读推广人本身也将因此受益。

四、《大学》在高校图书馆经典阅读推广中的实践

对于《大学》的阅读，《朱子语类》中记载:"可将《大学》用数月功夫看去。此书前后相因，互相发明，不比他书，惟此书首尾具备，易以推寻也。"③"若读得大学一书透彻，其他书都不费力，触处便见。"④这就是说，只要读好《大学》一书，掌握了大框架，打好了地基，读其他书就要容易很多。因此，利用朱熹读书法，在高校中开展《大学》阅读推广活动，向读者

①黎靖德.朱子语类[M].武汉:崇文书局,2018:305.

②黎靖德.朱子语类[M].武汉:崇文书局,2018:330.

③黎靖德.朱子语类[M].武汉:崇文书局,2018:187.

④黎靖德.朱子语类[M].武汉:崇文书局,2018:330.

授之以渔，是相当有意义的。利用《大学》持之以恒地开展高校图书馆经典阅读推广，会有意无意地触及高校通识教育，如果能争取到学校的政策支持，在高校大一新生中普遍展开，当然是最理想的。如果不能，高校图书馆可从建立阅读小组和建设经典通识选修课这两个方面来开展《大学》的阅读推广工作。

（一）建立《大学》经典阅读协会或者阅读小组

阅读群体组织的建设有助于阅读推广活动的开展。有效的阅读群体组织建设包含几个方面：一是聘请优秀的阅读推广人作为组织的指导者；二是建设群体活动空间；三是聚集相关的爱好者和感兴趣的人；四是建立有效的组织架构；五是制定可持续发展的激励制度。这些措施能保障阅读群体的持续发展和不断更新。在空间建设中，图书馆要建设经典阅览室，设立《大学》阅读专架，将馆藏中所有与《大学》有关的图书馆集中展示，设立专门的阅读桌椅。除此之外，购买多复本有注音的《大学》书，供诵读之用。群体要开展定期的诵读和讲习活动。与朱熹合编《近思录》的吕祖谦谈到诵读对于理解圣人经典的重要作用时曾说："凡读书必务精熟。若记性迟钝，则多诵遍数，自然精熟，记得坚固。若是遍数不够，只务强记，今日成诵，来日便忘，其与不会读诵何异。"[①]因此，参与活动的成员要不断地、反复地对内容进行诵读，达到张口就能背诵的地步，才能静下心来仔细玩味思索其中的深意，如果背得不熟，就开口释义，在吕祖谦看来，就是对圣贤的不诚不敬，背诵熟了，再对其义理寻根，如有不通处，与人商榷探讨，才能有所进步。群体可以经常开展背诵比赛、抄写比赛、书法赛等与《大学》学习相关的活动，以激励成员阅读的积极性。

（二）建设《大学》经典阅读通识选修课程

利用课程推进图书馆阅读推广工作，这项工作已经显现出很好的成效，如使用文献检索课开展经典阅读推广工作、利用"阅读学"课程推进阅读推

---

①张伯行.学规类编[M].北京：中华书局，1985：51.

广、通过思政课程开展阅读推广等。建设经典阅读课程，对于经典的精读和深阅读，是非常有帮助的。但目前经典阅读课程存在较大的误区，主要体现在说教式或负担式的阅读推广，干扰了阅读兴趣。朱自清在西南联合大学根据课程需要，开设了“经典导读”课程，后来编成一本《经典常谈》，他非常担心读者因为他的说教而不去研读经典文本，在此书的序中他这样写道：“如果读者念了这部书，便以为已经受到了经典训练，不再想去见识经典，那就是以筌为鱼，未免辜负编撰者的本心了。”[①]朱自清先生的担忧，也正是从事经典导读课程的所有教师的担忧。因此，笔者在开展多年经典导读的基础上，转变导读性的课程模式，直接面向大一新生建设以《大学》为主要内容的经典阅读课程。课程的建设依据古代人文士子的学习方法，尤其参照了朱熹读书法、朱熹白鹿洞教条、程端礼读书日程以及张伯行紫阳书院学习方法等古代读书规则，开展《大学》经典阅读课程教学工作。一个学期的课程，符合朱熹对《大学》“用数月功夫去看”的阅读时间要求。课程中教师要注重理念的传达，尤其要让学生领会朱熹读书思想。课程的建设主要注意以下几点：一是前期准备工作中，教师本身要能融会贯通《大学》的思想，并掌握朱熹读书思想的精髓。二是在制作教案和课后作业方面，着重突出经典抄写、诵读、背诵和表达等形式的培养和训练，使学生能够通过各种方式熟悉经典文本，虚心涵泳，增强表达能力。三是在熟读经典文本之后，要及时为学生从多个角度解读经典文本，对学生理解中产生的疑问开展教学答疑工作。四是利用互联网手段及时对学生进行学习跟踪、反馈和互动。五是为学生提供研读后的相关辅助书目和资料，促使学生阅读后进行独立思考，并帮助他们提升写作技能，将思考所得写成文章。

通过两年多的训练和教学，阅读小组和阅读课程两方面的推广工作都取得了不错的成绩。学生在理解朱熹读书法和《大学》的思想之后，对古代经典名著的借阅率明显提升。参与课程的学生在课程结束后撰写的文章多篇在校报或者校外杂志上发表，教学团队成员也因为对《大学》阅读教学进行了

---

①朱自清.经典常谈[M].北京:中共中央党校出版社,2012:2.

深入研究而获得了两项校级教改项目。阅读小组参与学校的各种诵读活动，不断取得佳绩，获得各种经典诵读比赛大奖，团队也荣获了省级优秀团队称号。

《大学》蕴含的思想是取之不尽、用之不竭的。孙中山先生在《三民主义》中认为《大学》是中国乃至全世界政治哲学知识中独有的宝贝。[①]高校图书馆可利用朱熹读书法，将《大学》纳入新生经典阅读推广工作的内容之中，使大学生一进大学就明白读书的重要性。由于《大学》内容对于学子从中学到大学过渡具有重要性，笔者经常在阅读推广活动中战战兢兢。对于《大学》乃至于《四书》的阅读推广工作，笔者认为需要更多的研究者来进行探索，结合古今的思想变化和社会变革，寻找最佳的推广路径和方法。

①孙中山.孙中山全集：第9卷[M].北京：中华书局，1986:247.

大学生经典阅读方法掌握与训练的现状调查研究

近年来，阅读推广研究成果越来越多。研究者对阅读推广的认识也不断加深，对阅读推广概念的理解呈现多元化，越来越丰富。张怀涛、王波、陈幼华、茆意宏等专家学者分别从各个研究角度对阅读推广的概念提出了不同的看法。其中王波对于阅读推广的定义颇具代表性，他在张怀涛研究的基础上，对阅读推广做了以下表述：阅读推广，就是为了推动人人阅读，以提高人类文化素质、提升各民族软实力、加快各国富强和民族振兴的进程为战略目标，而由各国的机构和个人开展的旨在培养民众的阅读兴趣、阅读习惯，提高民众的阅读质量、阅读能力、阅读效果的活动。随后他列出了5个逻辑关系，包含了培养阅读兴趣、培养阅读习惯、提高阅读质量和阅读内容的品位、提高阅读方法与技巧、提高阅读效果。[①]这5个范畴确实涵盖了一切阅读推广活动的内涵和外延，但阅读推广活动是否能在这5个方面产生强大的影响力，是值得思考的。如果把5个范畴单独进行研究，培养阅读兴趣和阅读习惯的实施主体应归于家庭和中小学教育；对于提高阅读效果，研究者和实

①王波.阅读推广、图书馆阅读推广的定义——兼论如何认识和学习图书馆时尚阅读推广案例[J].图书馆论坛,2015(10):1-7.

践者认为，这么多年阅读推广活动并未使其获得实质性的改善和提升。因此，5个范畴只剩下提高阅读质量和阅读内容的品位、提高阅读方法与技巧，这两个方面将是图书馆阅读推广的核心内容。在提高阅读质量和阅读内容的品位方面，图书馆阅读推广已经逐渐走上了正轨，经典已经成为阅读推广的核心内容。在如何提高阅读内容的品位方面，也就是推荐读者阅读什么样的经典，研究者们在不断探索，王余光、叶鹰、王波等核心研究者在经典书目选择上做出了重要贡献，而最近这方面的研究已经延伸到经典书目遴选标准和编制体系上。但在提高阅读方法与技巧方面的推广研究略显不足，唯有徐雁的《从苏轼到朱熹："选精读熟"观的方法论探析》，以及刘晓东、张丽的《国学启蒙经典中的"阅读推广"——〈三字经〉蕴含的阅读方法与指导思想探析》，[①]开始从阅读方法上开展阅读推广研究。阅读方法的推广作为图书馆阅读推广的核心内容之一，还没有得到应有的重视。其实阅读效果的提升取决读者对阅读方法的掌握。阅读内容的取舍，在很大程度上依赖于阅读方法的掌握。从这个意义来说，阅读方法的推广比阅读内容的推广更加重要。本部分以大学经典阅读为例，通过问卷调查的方式，着重对读者在阅读方法推广需求上进行数据收集，并对相关现状进行分析，以寻求大学经典阅读最佳推广途径。

一、研究设计

（一）基于经典阅读方法的调查设计

经典阅读推广的研究者从书目推荐、推广体系构建、活动模式打造等方面的研究转向注重阅读推广内容和质量上的研究，其研究对象大都围绕阅读推广主体来展开的，效果虽然不错，但一直没有达到研究者的期望值。如果从读者方面来进行考量，可以发现，读者并非不知道哪些书是经典。因此，读者到底为什么不愿意认真阅读经典，或者到底用什么样的方式才能消除读

①刘晓东，张丽.国学启蒙经典中的"阅读推广"——《三字经》蕴含的阅读方法与指导思想探析[J].图书馆建设，2020(2)：83-89.

者和经典之间的隔阂或距离？寻其根源，应该是读者没有找到阅读经典的门径。这个门径，也是我们常说的阅读方法。本调查主要从读者对经典阅读方法了解与掌握的情况以及读者是否愿意接受经典阅读方法的训练等方面进行探究，获取相关数据，并进行深度解析，从阅读方法方面寻找一条经典阅读推广之路。

（二）样本及结构

本调查主要以大学本科生为对象，采取线上发放问卷的方式，涉及本科生四个年级，专业涉及社会科学、理科、工科等各个学科，回收问卷5 553份。其中男生占46.58%，女生占53.42%，大一为37.59%，大二为26.19%，大三为25.64%，大四为10.58%。在专业分布上，社会科学占38.33%，理科占27.13%，工科占34.54%。样本总体来说比较均衡，具有较强的代表性。

（三）信效度分析

调查涉及读者一些主观上的回答，如读者了解哪些读书法等问题，因此调查使用问卷的形式而不是标准的量表，但对于关键问题的回答，问卷设计都是以客观选择的方式，以保证研究的有效性。问卷由12个阅读推广人共同参与发放，读者直接通过网络答题提交，调查者并未在主观上影响受调查者的答题意愿，所获数据能够客观反映受调查者目前的真实状态。

二、大学本科生阅读方法认知现状分析

有学者认为，阅读方法从阅读中来。[①]这种说法有一定的道理。但对于读者来说，通过阅读非专门介绍阅读方法的书来获得阅读方法，是非常困难的，并且即使以这种方式获得阅读方法，也需要一个非常漫长的阅读、思考、总结并不断训练自己之后才能达到这个效果。因此，一般的读者想通过自己的阅读实践来总结出良好的阅读方法，会造成大量的时间和精力的损耗。尽管所有的人都可以去亲身体验获取，但对于可以直接继承的优良传统，应该选

①张怀涛.读书有方[M].郑州：郑州大学出版社，2015：148.

择直接继承，这就是科学上所谓的“站在巨人的肩膀上”。良好的阅读方法一直存在，关键是读者如何在阅读之初就选择直接继承，并接受训练。

（一）读者对阅读方法认知的调查分析

本调查的数据全部来源于大学本科生。大学本科生通过中小学的阅读训练，应该掌握了一定的阅读方法，至少在潜意识里知道自己应该怎么阅读。但调查的现状显示，事实并非如此。问卷题目为：您知道哪些读书方法？参见表1。

表1　您知道哪些读书方法？

选　项	小 计(人)	比 例
A.艾德勒的《如何阅读一本书》	702	12.64%
B.朱熹读书法	749	13.49%
C.其他前辈的读书法	136	2.45%
D.没有去特意了解，随便读	3 966	71.42%
总 计	5 553	100%

数据显示，无阅读方法的读者占据总数的71.42%。可以这么认为，在阅读推广主办方组织的阅读推广活动中，没有阅读方法的参与者占据绝大多数，因此，如果没有进行阅读方法的培训，几乎所有阅读推广活动的效果都会呈现出不佳的状态。这是问题的根本所在。中小学教育并未使学生掌握一种良好的经典阅读方法，究其原因，应该是大部分时间都被应付考试而占据了，不管是学生还是教师，大部分精力在对付考试，而忽略了阅读方法的传授和训练。大学生通过自身的阅读经验来获取或总结的阅读方法是有难度的，其阅读方法应该来自前人总结的经验与方法。问卷中提到的两种阅读方法，艾德勒的《如何阅读一本书》与朱熹读书法，是经典阅读中最著名的两种阅读方法，也是东西方文化中最具代表性的两种经典阅读方法，并且具有非常好

的系统性和训练价值。莫提默·J.艾德勒是美国芝加哥大学著名的“名著运动”的执行者，也是永恒主义教育思想实施的核心人物，他这本关于阅读方法的经典著作《如何阅读一本书》，初版于1940年，影响世界大半个世纪，现在依然在不断影响大量的阅读者，可以认为是最具影响力的西方阅读方法。[①]而朱熹读书法是中国古代最具影响力的读书方法，它在中国乃至东亚的影响力，自南宋以后，无可匹敌。尤其是朱熹编的《四书集注》成为朝廷科举取士的教科书之后，几乎读书为学的士子都要受到朱熹读书法的巨大影响，其中包括真德秀、王应麟、王守仁、王夫之、曾国藩、吕思勉、钱穆等大量名人。[②]本调查中，知道这两种读书法的读者，仅仅占据26.13%，可以说，掌握这两种读书法的受调查者比例应该更少，后面的数据证实这一点。另外还有2.45%的读者了解一些其他的读书法，相比这两种读书法来说，其他读书法要逊色很多，一般都不具备系统性和训练价值。

（二）《如何阅读一本书》与朱熹读书法之比较

两种读书法是完全不同的阅读方法，也是互补的阅读方法。《如何阅读一本书》论述的读书法包含了四个步骤：基础阅读、检视阅读、分析阅读和主题阅读。它的终极目标是主题阅读，是学者倾其一生为了科学研究而掌握的一种阅读方法。当然，它也认为，如果不能成为专家学者，也应该掌握基础阅读和检视阅读，以便使社会消除文盲，人们能够达到一般阅读水平。而朱熹读书法蕴含的层次更高，后人将其总结为循序渐进、熟读精思、虚心涵泳、切己体察、着紧用力、居敬持志六条。[③]它是以至善道德为出发点，认为如果要成为学者，不但要掌握良好的读书方法，认真读书，还要以最高道德要求自己，扎实做人，成为君子。因此，朱熹读书法与《如何阅读一本书》相比，

①莫提默·J.艾德勒，查尔斯·范多伦.如何阅读一本书[M].郝明义，朱衣，译.北京：商务印书馆，2014:1.

②朱原谅.朱熹读书法版本辨析及其对阅读推广的启示[J].图书馆杂志，2020(4)：50-56.

③朱熹.朱子读书法[M].重庆：重庆出版社，2018:1.

前者更能警醒学者在做学问时不仅仅只需要掌握一种方法，更需要培养至善的道德目标，以此为全人类谋福祉。朱熹读书法认为，如果不为学，只要有良好的知行，即使不识字，也能成为有至高道德的人，这个观点通过哥伦比亚大学的“丁龙讲座”得到了最好的佐证。[①]《如何阅读一本书》是从方法的角度来解读如何读书，朱熹读书法是从如何做人方面来解读为什么要读书以及如何读书，可以说前一个蕴含着更多的器的成分，后一种蕴含着更多的道的成分，如果读者同时掌握，可以相辅相成。

（三）读者掌握阅读方法的数据分析

本调查着重于阅读方法在读者阅读中的现状分析，除了获取读者对阅读方法了解的现状数据外，主要搜集读者对阅读方法掌握情况的数据。并不是所有知道这些阅读方法的读者，就能够很好地掌握和利用这些方法。在这方面设计的问题是：“（1）您觉得阅读经典有必要在乎经典的内容吗？(2）如果是第一次阅读经典，下面的经典，您觉得您应该最先读哪一种？(3）下面的经典，您觉得哪一种应该在一生里去背诵其中的一些内容？”

其中第一个问题主要针对《如何阅读一本书》的掌握情况，第二个问题和第三个问题主要针对朱熹读书法的掌握情况。这三个问题与“您知道哪些读书方法？”有密切的关联度，因此在分析中采用交叉分析的方法进行具体分析。

1.《如何阅读一本书》的掌握情况分析

问题一：您觉得阅读经典有必要在乎经典的内容吗？

答案选项：

A.不在乎，是经典都有好处

B.在乎，有些经典不适合我阅读

C.非常在乎，我有自己的阅读方向

D.无所谓

根据《如何阅读一本书》的描述，如果能够完全掌握这种阅读方法，熟

①海龙.一个中国劳工与哥伦比亚大学东亚系[J].民主，2013(8)：45-50.

练使用主题阅读法进行阅读，可以肯定，这类读者选择C（非常在乎，我有自己的阅读方向）的可能性要远大于其他选项，而事实上，在知道《如何阅读一本书》的读者当中，选择C的只占30.91%，可以说，即使读者知道有这种阅读方法，并不代表他们已经掌握了这种阅读方法，接近7成的读者只处在对这种阅读方法浅层次了解的状况中。掌握这种阅读方法的读者仅仅占据所有受调查人群的3.9%。另外，B项“在乎，有些经典不适合我阅读”的选择大大高于其他项，在一定程度上体现了部分大学生在阅读方法的掌握上远远没有达到熟练的程度，但也说明其对经典阅读的思想意识处于一种启蒙状态，在十几年的阅读经验中他们对经典有了初步的认识，并能够初步识别自己愿意去读什么，不愿意去读什么。从阅读推广人的角度来看，可以这么认为，大学本科生具有极强的塑造性，大学经典阅读推广人要紧紧抓住大学生读者这个成长期，加强对大学生阅读方法的训练，使其掌握经典阅读的入门钥匙。

2. 朱熹读书法掌握情况分析

问题二：如果是第一次阅读经典，下面的经典书，您觉得您应该最先读哪一种?

答案涉及十二类具体的经典书目，这里主要调查对朱熹读书法的掌握程度，因此选项就不一一列出。

问题三：下面的经典，您觉得哪一种应该在一生里去背诵其中的一些内容?

答案：

A.《四书五经》

B. 其他中国传统经典

C.《理想国》《伦理学》等柏拉图、亚里士多德著作

D. 其他外国经典著作

问题二与问题三在涉及朱熹读书法的掌握上，设计了两个方面进行调查：问题二是对于朱熹读书法中最重要的循序渐进这一条的调查；问题三是对于

朱熹读书法中熟读精思这一条的调查。

在问题二中，根据结果，调查并未获得理想的结果，说明虽然所有被调查者13.49%的人知道朱熹读书法，但对朱熹读书法的掌握情况来看，人数非常之少。在问题二的答案选择上，读者只要掌握朱熹读书法中循序渐进条目，就会深刻理解，为学之人读经典从《四书五经》开始。但知道朱熹读书法的受调查者，只有4.14%的读者选择了《四书五经》，不过欣慰的是，这个结果高于知道其他读书法的人选择《四书五经》的比例。在所有受调查者选择作为初次阅读经典的书目当中，四大名著占47.34%，中国现当代小说占据22.78%，余下是唐诗宋词、外国经典小说，《四书五经》排在第五。显然，在近年来的高校经典阅读中，四大名著和《平凡的世界》等小说，以其良好的可读性和故事情节，获得了大量读者的青睐，也存在社会各界对四大名著和现当代小说采用了过于夸张的手段进行推广而导致了这种结果的可能性，同时体现出读者对经典阅读的认知需要进一步提升。如果读者通过训练并掌握朱熹读书法，这个排序应该会有一个极大的改变，其效果已经在笔者进行的通识教育课程项目中得到了初步验证。

对于问题三，数据交叉分析显示，在知道朱熹读书法的受调查者中，《四书五经》依然没有排在第一位，但比其他选项中选择《四书五经》的要高出不少，进一步佐证了知道朱熹读书法的人中掌握了这种方法的人还是属于少数。

从问题二和问题三可以看出，当代大学生对中华传统文化认同感非常强。在调查中，优先选择阅读中华经典的受调查者占据近九成，选择愿意熟读中华经典并将其通过背诵铭记在心的也有近九成。这充分说明大学生生于斯长于斯的民族情感，这也是树立我国文化自信的基石。但要真正地让大学生理解文化自信，理解传统文化的精髓，还要从更深层次去推广中华传统经典。传统的读书方法是打开中华传统经典阅读的入门钥匙，朱熹读书法是其中最优秀的方法。因此，大学经典阅读推广可以从朱熹读书法的训练起步，使读者掌握经典阅读入门的最佳方法，进而促使其掌握中华传统文化、树立文化自信。

通过交叉分析的结果来看，没有掌握或不能熟练运用具体经典阅读方法的受调查者超过九成，这对于大学经典阅读推广既是极大的阻碍，又是一个最好的突破口。大学经典阅读推广应该考虑从阅读活动的举办转向为阅读方法的训练，以此真正地体现授之以渔的推广思想。

三、经典阅读训练的调查数据分析

经典阅读的训练，首先是阅读方法的训练。前面数据分析的结果已经证明大学生需要得到经典阅读方法的训练与提升。对于阅读方法的训练，张怀涛在“阅读学”课程中做过研究，他认为，有效的阅读必须来源于好的阅读方法，在他的课程体系中，对于阅读方法训练模块的大纲描述是这样的：使学生能够熟练掌握广读法（扩大阅读的涵盖度）、精读法（提升阅读的深刻度）、速读法（加强阅读的快捷度）、联读法（拓展阅读的关联度）等四大类读书方法，以期提升阅读效果、阅读效率、阅读效益。[①]虽然这种方式值得推广，但对于经典阅读来说，这种方式的有效性还没有得到验证。很多学者在论述经典阅读时，都提到经典阅读方法训练的重要性，如李霞在高校新生中实施的导读课程、[②]刘云在西南交通大学实施的嵌入式经典阅读课程，[③]但这些研究都未涉及经典阅读方法的具体训练，也可能成为实践研究中得出阅读推广效果不佳的重要原因。

基于以上因素，本调查在经典阅读方法的训练上收集了相关数据进行分析，期望得到读者对于经典阅读训练的态度。问卷主要基于两个方面：一方面是读者对经典阅读训练的意愿，另一方面是接受谁的经典阅读建议。

---

①张怀涛，王晓美，朱振宁．以“阅读学”课程推进阅读推广[J]．河北科技图苑，2016(6)：76-78，82.

②李霞．高校新生导读课渗透经典阅读的策略[J]．长春理工大学学报，2012(7)：191-192.

③刘云，高凡，杨勇，等．嵌入式推广：高校图书馆经典阅读推广的有效路径——以西南交通大学为例[J]．图书情报工作，2018(24)：104-109.

问题一：您愿意接受经典阅读训练吗？

答案：

A．非常愿意，我不知道怎么读或者读什么

B．愿意，我需要有人陪伴，一起阅读

C．没有必要，我自己有一套完整的阅读技巧和对经典的认识

D．无所谓，跟我没啥关系

问题二：对于经典阅读，你更愿意接受来自哪方面的建议？

答案：

A．父母

B．教师

C．图书馆阅读推广人

D．身边的同伴

E．研究经典的专家学者

我们发现，愿意接受经典阅读训练的受调查者比例达63.19%，说明大部分人对经典阅读训练有一种渴望。但在接受谁的建议方面，却只有55.52%选择了比自己经验丰富的父母、教师、图书馆阅读推广人与权威专家，有44.41%选择了同伴。

经过交叉分析，重新整理相关数据，得到表2的结果。

从表2中可以进一步看出，在愿意接受经典训练的人当中，还是有41.69%的人希望能从身边的同伴中获得帮助和建议。原因可能来自传统教育造成的羞涩以及青春期的叛逆这两个方面。很多学生因为长期的应试教育和高压教育，害怕面对老师、家长和专家，羞于启齿求教。对于叛逆，韩愈在《师说》中就曾有描述："今之众人，其下圣人也亦远矣，而耻学于师。……士大夫之族，曰师曰弟子云者，则群聚而笑之。"[①]这种现象放到当前高校也不在少数。因此，很多人选择同伴的建议也不足怪。除此之外，研究经典的专家学者和教师排在第二和第三，相加后的比例超过了同伴的建议，也彰显

①韩愈.韩愈全集[M].钱仲联，马茂元，校点.上海：上海古籍出版社，1997：130.

了大部分大学生对于知识获取拥有理性思考的思想境界。对于父母，成为经典阅读训练建议的垫底者，充分说明了当前父母在家庭教育中需要更加注重经典阅读。可以肯定，选择父母的149位受调查者，大多来自书香门第，父母在经典阅读方面拥有较高的造诣。

表2 愿意接受训练者与接受谁的建议数据交叉分析

	父母	教师	图书馆阅读推广人	身边的同伴	专家学者	小计
非常愿意，我不知道怎么读或者读什么	93（9.06%）	257（25.02%）	129（12.56%）	288（28.04%）	260（25.32%）	1 027
愿意，我需要有人陪，一起阅读	56（2.26%）	453（18.25%）	293（11.80%）	1 175（47.34%）	505（20.35%）	2 482
小 计	149（4.25%）	710（20.25%）	422（12.03%）	1 463（41.69%）	765（21.8%）	3 509

对于图书馆阅读推广人来说，显然在大学经典阅读推广中的地位处于一个尴尬的境地，没有获得读者足够的信任，这也成为图书馆经典阅读推广活动效果低下的一个重要因素。

大学经典阅读推广经历了从经典书目的推荐、推广活动的举办，再到体系的建设和模式的构建，发展到注重经典阅读方法的推广和经典阅读训练，体现了追求阅读推广实效的良性发展过程。调查结果显示，没有熟练掌握经典阅读方法的大学生比例达到九成，而渴望得到经典阅读训练的比例也超过六成，这充分说明，经典阅读方法的推广和训练应成为大学经典阅读推广的核心内容。在这个趋势下，高校图书馆阅读推广人需要接受一种考验，除了要积极地保持与教师和各种专家的紧密联系之外，对于自身，要加快步伐，熟练掌握最权威的经典阅读方法，并利用这些方法对各类经典展开深入研究，提升自身的素质。图书馆阅读推广人要成为活动组织专家，也要成为经典阅读的专家，以引领经典阅读推广的潮流。在新时期，尤其应注重对中国传统经典阅读中权威阅读方法的掌握，在大学本科生中加大中华传统经典的推广力度，为树立大学生文化自信打下坚实的基础。中国图书馆学会阅读推广委员会应通过上层组织加强这方面的引领，建立阅读方法训练专委会，加大阅读推广人在阅读方法掌握上的培训力度，提升阅读推广人的素质，以保证阅读推广活动的实效。

阅读推广与教育

一、阅读推广与图书馆中介作用

（一）两者的关系

范并思认为阅读推广已经成为图书馆的核心领域，其论文《阅读推广与图书馆学：基础理论问题分析》成为近5年来图书情报学领域被引率较高的文献，产生强大的影响力。[①]无论从研究角度还是从实践来看，阅读推广确实已经成为图书馆的核心工作。阅读推广是否能为图书馆工作带来翻天覆地变化，我们需要从图书馆的本质属性来进行探索阅读推广是否能为图书馆本质属性产生新的理解。关于图书馆的本质属性的描述，有藏用说、交流说、借阅性、社会性等，都被认为是一种现象，而非本质属性。吴慰慈认为中介性是图书馆的本质属性。[②]笔者同意这种观点，正是图书馆强大的中介作用，使图书馆成为文献信息的中心和枢纽。可以说，没有一个机构能有图书馆这么

①范并思.阅读推广与图书馆学:基础理论问题分析[J].中国图书馆学报,2014(5):4-13.

②吴慰慈,董焱.图书馆学概论[M].北京:北京图书馆出版社,2002:77.

强大的中介作用，它不是单纯的两极之中介，也不是存在两极之间的孤岛，而是对两极产生强烈影响的中介机构。读者从图书馆获取知识，成为作者，作者又从图书馆获取知识，成为读者。无数作者和读者因为图书馆的影响改变了自身的形象，产生质的变化。这种对两极产生质化的过程，体现出图书馆强大的中介作用。图书馆的中介作用是通过图书馆工作体现出来的，具体表现在采购、分类、主题标引、编目、保管、借阅等工作上。这些工作能体现出图书馆的中介价值。但目前仅靠这些工作，图书馆在某些方面可能成为信息孤岛，如大量的经典书无人阅读，大量有价值的文献得不到真正的利用。信息孤岛的形成不仅仅是因为“图书馆在社会信息化过程中，由于信息系统、软件系统、数据库之间关联性差，难于互联、互通和互操作的弊端，造成数据共享性差，信息难以融会贯通，无法实现业务协作，系统效率低，而无法真正实现信息化的问题”，更因为作者或者读者对图书馆文献信息中有价值的内容缺乏足够的了解，或者对图书馆馆藏信息的疑虑而产生隔阂造成的。阅读推广则是解决这个矛盾的最佳方式。因此，采购、分类、主题标引、编目、保管、借阅等工作可认为是图书馆实现其中介作用的常规基础工作，阅读推广则如范并思的理念，成为实现图书馆中介作用的核心工作。阅读推广通过各种方式、各种手段，面向特定读者，对图书馆文献进行价值排序，将价值突出的文献推荐给读者，从而实现文献信息的使用价值和内容价值的最大化。文献价值排序是阅读推广的核心内容。

（二）价值排序

文献价值排序的理论基础来自价值理论。价值理论是整个社会科学的基础理论之一，任何社会科学中关于社会利益关系的理论与观点，都以某种价值理论为前提。价值理论认为：价值问题是社会科学无法回避的问题，因为社会科学是研究社会事物之间的相互作用、相互联系及其变化规律的科学，而任何社会事物之间的相互联系从根本上讲都是以一定的利益关系（尤其是经济利益关系）为基础的，利益关系的客观本质就是价值关系。[①]换言之，价

①仇德辉．统一价值论［M］．北京：中国科学技术出版社，1998：1.

值是社会（主要是人类）的特有现象，人类因为对价值的追求，通过价值大小排序，实现社会利益的最大化，从而使社会从无序逐渐走向有序。文献价值排序正是人类在历史传承和社会进步过程中对思想产物不断进行继承、反思和更新。伽达默尔认为，文献价值判断度量标准不仅仅依靠现阶段的研究价值和重要性，而应重视文献在历史传承中被批判和反思之后依然继续被保存和传承而获得真正的合法性。文献的价值体现在两个方面：一方面是基于哲学上的价值，另一方面是基于经济学中的价值。这就给图书馆阅读推广带来了一系列的问题：这些文献价值排序究竟由谁出来做出定论，又是通过何种方式向推广对象表达价值排序的过程，并获得阅读推广对象的信任？因此，解决阅读推广有效性的关键问题不是阅读推广的各种形式是如何创新的，而是文献价值排序问题。

二、阅读推广和教育

虽然阅读推广成为图书馆的核心工作，但由于图书馆的中介属性，意味着它对人的能力增长难以起到正面的影响。支撑人的能力增长的方式依然是教育。当然，阅读和教育两个方面共同造就了一个成人世界，它们更是造就社会精英两个不可缺少的部分。伽达默尔认为阅读是一种纯粹内在性的事件。换句话说，阅读是私密的，不需要旁人的参与。而教育是公众性的，是一个受教育的过程，虽然它的过程属性具有生成性和发展性，但它最初的目标是技能教育，无论是田野作业、手工技能、识字能力，还是雄辩术，都是一种技能的教育。而教育的现场是无法思考的，这是它不同于阅读而又逊色于阅读的一个重要方面。教育现场就是为了让学生获得技能，不断操作，变得熟练。而熟能生巧是教育现场之外的刻苦训练并通过思考后的成就。然而，没有教育的过程，人就无法识字，阅读就无法继续的。因此，教育是阅读的基础，阅读是教育的延续；教育使人收获技能，而阅读促进人思考和创造。

教育中核心素养形成的关键在于有效地形成内化了的习惯。而人的习惯主要在青少年阶段形成，如研究表明阅读习惯的养成在12岁之前。[①]从这个角度来看，教育已经在青少年阶段完成了自己的核心使命，余下的部分就是指导或者引导。成人阶段的教育展现出两种途径：一种是纯粹谋生技能的培养，另一种是指导阅读。高等教育在永恒主义教育思想那里，其根本的体现就是名著的阅读。因为经典名著作品本身就极具启发意义，它们超越了全部的教育技术和学术技巧，其本身就是方法学大师，教师只能尝试着成为作者传授其思想的手段而已。普通人实现教育的价值就在于一项谋生技能的获得。成功人士或者社会精英实现教育的价值是利用教育获得的技能继续阅读、思考和创造。从这里，我们可以得出一个小小的结论：在教育过程之后，其意义的延续就是教育对象如何审视对阅读的态度，对待阅读的态度成为区别普通人和社会精英的主要因素。我们可以这样认为，教育过程之后，阅读推广工作接手了教育，成为社会前进最重要的推动力量。教育和阅读推广之间最大差别在于：无论哪个阶段的教育，除了教给学生技能外，因为其包含有强迫性、义务性、公益性，还会附带给学生很强的负面影响；但阅读推广工作不会，它通过价值排序，将人类最宝贵的精神财富送到读者手里，而不带任何强制和压迫，它将人类优秀文明的传承和读者的需求相结合，以满足读者心灵需求、追求读者身心愉悦为己任。因此，从这种意义来说，阅读推广比教育来得更加纯洁和崇高。

我们不想赞美阅读推广比教育更加崇高。但在现阶段，我们还需要对阅读推广和教育做进一步区分。前面已经讲到，范并思将阅读推广的对象分为普通人群与特殊人群。他在论述中没有完全意识到，阅读推广和教育是不同的两件事。他描述的特殊人群，是有阅读障碍的人群，如幼儿、聋哑人等，这些人的阅读只能通过教育来实现；我们在这里所说的特殊人群，是在已经获得阅读技能，需要实现其特殊价值的人群，如获得专业知识或者专业技能的特定人群。如他的观点“阅读推广的重点是服务于特殊人群，目标是使不爱阅读的人爱上阅读、使不会阅读的学会阅读、使阅读有困难的人跨越阅读

①田磊．关于图书馆阅读推广几个问题的思考[J]．国家图书馆学刊，2016(2)：96-101.

障碍”，这已经跨越了阅读推广的界限，更远远超出了图书馆中介作用，将教育的功能完全纳入阅读推广之中。这些目标的实现，只有通过教育才能完成，它是阅读的前提，而不是阅读推广要实现的目标。虽然图书馆如一些专家学者所言负有教育职能，但也不能夸大了这个职能，也不能掩盖图书馆作为中介的属性。因此，我们要区分，教育的所为和图书馆阅读推广工作的所为。教育为人类撒下阅读的种子，图书馆成为阅读这颗种子成长的土壤，阅读推广工作通过文献价值排序在图书馆中耕耘出最富饶的那一块田地。从这个描述中，我们可以清楚看到，教育、图书馆和阅读推广的关系。人并不是因为教育而获得成功，而是因为占据了阅读推广工作形成的那块最富饶的土壤并利用教育获得的技能大肆吸取营养茁壮成长而得以成就自身。

三、阅读推广与教育的历史

我们已经描述了阅读推广、教育和图书馆中介作用的关系。因此，不得不提一下：我们到底要怎么做？在谈到未来的目标时，我们有必要简单梳理一下百年来我国教育和阅读推广的状况，才能最终提出我们应该走向何方。

（一）改革开放前

1.教育与阅读的分离

中国古代书院将阅读推广、教育融为一体，从士大夫的教育中我们可以看出，教育是通过经典的学习而完成的，包括识字、书写和理解，人类在经典学习中获得技能的同时，获得整本经典的思想。教育中已经包含了对阅读内容的扬弃。社会的精英一定是通过教育达到熟读经典、出口成章、下笔成文、触景生情即文思泉涌。琴棋书画是精英标配。经过现代教育体系的改造，这些精英教育模式差不多消失殆尽。

洋务教育思想摧毁了书院的学习模式。京师同文馆彻底毁灭了教育阅读一体化的教育模式。从京师同文馆的教学课程可以看出，学生的学习时间已经被各国史略、翻译、科学技术等技能训练课程占用，汉文和经学被抛于脑后，不再设课程。[①]从此，教育与阅读正式分离，技能培训正式成为教育的主要内容。而后大量技术学校充斥于寰宇之内，船政学校、军事学校、炮学堂、工艺学堂、电气学堂、电报学堂等相继开设。京师大学堂几乎沿袭京师同文馆的教学模式。这种模式一直持续到辛亥革命。康有为在辛亥革命之后极力推崇恢复读经，并预言，如不读经，“数千年文明之中华，一旦沦胥至于无教之一”。梁启超赞同。当时教育部拟定《整顿教育方案草案》，“采取经训，以保存固有之道德”，恢复经学堂。然而，蔡元培任北大校长，彻底改变了教育模式，“仿世界大学通例”，号称培养通才，设立各科教材教科书，挟行政力量之威，生生将阅读与教育分离。[②]虽说仿世界大学之通例，却未曾想，世界大学也是危机重重，正处于变革之中。此时的美国，哥伦比亚大学、芝加哥大学正处于专业教育和通识教育的冲突和变革之中，尤其是芝加哥大学赫钦斯“永恒主义”教育思想，掀起了阅读经典的巨浪。而此时北京大学、清华大学并未做出改变。此后哈佛通识教育的兴起，正值我国抗战时期，错过借鉴国外阅读与教育融合模式的最佳时机。大学教师和学生，却时刻涌动着对阅读的渴望，王国维、朱光潜、林语堂等教授纷纷向学生传达读经的思想。王国维在《奏定经学科大学文学科大学章程书后》一文中道：“若为尊经之故，则置文学科于大学之首可耳，何必效西洋之神学科，以自外于学问者哉？……夫不通诸经，不能解一经……且大学者虽为国家最高之专门学校，然所授者亦不过专门中之普通学，与以毕生研究之预备而已。”[③]朱光潜在《谈读书（二）》里说：“书多易使读者迷失方向。任何一种学问的书籍现在都可以装满一图书馆，其中真正绝对不可不读的基本著作往往不过数十部……比如学哲学者尽管看过无数种的哲学史和哲学概论，却没有看过一种柏拉图的《对话集》，学经济学者尽管读过无数种的教科书，却没有看过亚

①张惠芬，金忠明．中国教育简史[M]．上海：华东师范大学出版社，2001:406-407.

②张惠芬，金忠明．中国教育简史[M]．上海：华东师范大学出版社，2001:457-460.

③潘懋元，刘海峰．中国近代教育史资料汇编：高等教育[M]．上海：上海教育出版社，2007:12.

当·斯密的《原富》。”[①]林语堂甚至说：“失学未必是坏事，以后可以真正读书了。上学读书，已经非常困难了，甚至上课看书是犯了校规。大学四年，读四年教科书，而教科书不是书。《经济概论》，并非经济名著，《法国革命简史》绝非法国革命名著，《文艺复兴概要》，绝非文艺复兴时代名著。功课排得那么紧，包管大学生没有功夫看好书、看奇书了。今日大学秀士，百分之九十未曾看过《水浒》，百分之九十五未曾看过《红楼》，百分之九十七未曾摸过嗅过司马迁的《史记》及班固的《汉书》。”[②]学生也深感技能学习过多，不读经典无以立言立身，向梁启超、胡适两位专家请教读书之法，造就了国学书目之争。而我们要从中思考的是，在教育中，如此多的大师认为教科书不是书，那到底是什么？从阅读的角度来看，教科书可以认为是书目推荐和内容推荐的书，它的编撰是为了解经典名著的片段或者思想，它带着一种强大的名著推荐的功效。这个问题在朱自清《经典常谈》的序言中也已经十分清楚地表明了。他说：“这样办虽然不能教一般人直接亲近经典，却能启发他们的兴趣，引他们到经典的大陆上去……如果读者能把它当作一只船，航到经典的海里去，编撰这将自己庆幸……”[③]这便是当今阅读推广最好的表达，阅读推广的目标，就是通过这种中介作用，把读者引入图书馆、引入经典书里。我们回过头来思考，像《经典常谈》、某某概论的教材和教科书，是无法超越古代诸如《读书敏求记》《书目答问》等这些属于阅读推广中关于阅读指导的经典文献的。因此，从这个角度上，我们可以认为，从京师大学堂开始，一百年的大学教学教材史，竟然可看成是一百年的阅读推广史。这个阅读推广工作，用教育的方式进行，使得学生占用大量时间来参与其中而没有了去图书馆阅读的时间。1941年，叶圣陶在《论中学国文课程标准的修订》中指出：“把整本书作主体，把单篇短章作辅佐。”[④]而1949年的《中学语文科课程标准》对此做了这样的表述：中学语文教材除单篇的文

①朱光潜.朱光潜谈读书[M].北京：中国青年出版社，2012：13.

②林语堂.无所不谈[M].海口：海南出版社，1993：120.

③朱自清.经典常谈[M].南宁：广西人民出版社，2017：2.

④董菊初.叶圣陶语文教育思想概论[M].北京：开明出版社，1998：204.

字外，兼采书本的一章一节，高中阶段兼采现代语的整本的书。至此之后，教育不再有整本书进行阅读训练，全部使用教材。直至2001年7月出版的《全日制义务教育语文课程标准（实验稿）》在教学建议部分，做了这样的表述，才又提起整本书阅读训练："培养学生广泛的阅读兴趣，扩大阅读面，增加阅读量，提倡少做题，多读书，好读书，读好书，读整本的书。"[①]然而并未在正式教育中实施，提倡的是课外阅读。可以说时至今日，教育与阅读的分离，已经在我国存在长达半个多世纪了。

2.经济条件对家庭教育与阅读的影响

古代家庭读书的教育，学而优则仕是一种理想。但理想的实现，需要来自家庭的财政支撑。古代男子是家里的强劳力，在农业社会里，男子一旦读书，家里的经济收入就会丧失。"十年寒窗苦"，如果不是富裕家庭，读书人是非常辛苦的。显然，封建社会的精英几乎都来自富裕家庭，贵族是世袭的。20世纪初，在遭受新教育的冲击之后，贵族都把孩子送进了学堂，少数家庭依然保留家庭教师的习俗。后来，家庭教育衰落，"读书无用论"盛行，贫穷造成了阅读的缺失。改革开放初期，有一些人为了追求经济上快速发展而忽视对阅读的重视。后来，经济得到发展，生活进入小康，教育得到极大的重视，阅读的重要性重新回到人们的视野中。

（二）改革开放后

1.阅读书目的编制

阅读书目的编制，就是对书目进行价值排序的第一步，它是阅读推广的基础工作。改革开放后，北京师范大学图书馆1980年编制出版了第一部阅读参考书目《北京师范大学文科历史、教育、中文阅读参考书目》。随后南京师范学院中文系图书馆编制书目《中文系学生阅读书目提要》，中国人民大学图书馆编制文学专业、中国历史专业、法学专业阅读参考书目三种，西南师范大学图书馆编制中国语言文学专业阅读参考书目一种。图书馆在阅读书目的

---

①中华人民共和国教育部.全日制义务教育语文课程标准(实验稿)[M].北京:北京师范大学出版社,2001:17.

编制中，几乎占据20世纪80年代学校阅读推广工作整个江山。1990年，王余光出版《影响中国历史的30本书》，利用价值排序开启了具有高端价值的文献筛选和推荐。王余光成为20世纪90年代活跃在阅读推广工作中的前沿专家，他相继出版了《名人读书录》(1994)、《中国名著导读》(1995)、《读书四观》(1997)、《塑造中华文明的200本书》(1997)、《藏书四记》(1998)、《名著的选择》(1999)、《中国读者理想藏书》(1999)、《读好书文库》(1999)、《中国读书大辞典》(1999) 等著作。徐雁也加入了阅读推广阵营，一起和王余光推动阅读推广工作。毫不夸张地说，假如《如何阅读一本书》的作者艾德勒[①]是美国经典阅读推广的引领者，王余光先生对于中国阅读推广工作的意义丝毫不亚于艾德勒，他用图书馆学文献学的专业敏锐感和中华民族的历史责任感，在很多人下海经商、出国留学的20世纪90年代，启蒙了新时代的阅读推广工作。21世纪之初，各种阅读书目相继出现，叶鹰的三十种书目、五十种书目、一百种书目是其中相对有价值的书目。[②]

2.阅读推广活动的开展

书目编制并未对国人的阅读产生多大的改变。图书馆开启了阅读推广活动的新纪元。2006年是阅读推广工作值得记住的一年，这一年里，中国图书馆学会科普与阅读指导委员会正式在东莞图书馆成立。《图书情报工作》杂志社发表第一篇来自基层图书馆阅读推广活动的研究论文《阅读推广计划——深圳市社区图书馆的发展机遇》。[③]图书馆界正式向社会各界宣告，中国的阅读时代就要到来了。图书馆阅读推广活动在中国图书馆学会阅读推广委员会的指导下，遍地开花，形式多种多样，为了激发全民阅读兴趣，各级图书馆

① 莫提默·J.艾德勒(Mortimer J.Adler，1902—2001)，生于纽约，现代美国哲学家、教育家，芝加哥大学教授。他在芝加哥大学执教时(1930－1952)，曾任芝加哥大学校长赫钦斯的助手，是名著运动的发起人。

②叶鹰.推荐书目的逻辑扩展及其与现代学术文献系统的衔接[J].图书馆杂志，2004(12):59-61.

③肖永英，陈永娴.阅读推广计划——深圳市社区图书馆的发展机遇[J].图书情报工作，2006(8):102-105，86.

使出了各种解数。速度发展之快，从图书馆阅读推广研究论文就可见一斑，2006年有关阅读推广研究论文16篇，至2018年已经超过2 000篇。阅读推广活动从读书会、征文、讲座等单一的模式发展成项目式、体系化，从全面开花到注重实效，各种效果评价模式层出不穷，如各种激励模式、素质拓展学分等。

3.阅读空间的重塑

阅读推广活动取得成就如此空前的强大，依然难以达到图书馆人理想的效果。图书馆人如此卖力地开展阅读推广活动，图书馆的借阅率依然持续下滑，但进馆人数有增无减，两个有力的证据一好一坏。在无法改变借阅下降的趋势下，图书馆毫不犹豫选择了阅读空间的重塑。在中国知网以主题检索，阅读空间研究成果在2015年发生井喷，从2014年以前从未超过25篇上升到2015年的62篇，并快速增长，2018年有120篇以上。经典论文有辽宁师范大学图书馆于国英的《高校图书馆空间布局改造与重新设计》、[①]上海图书馆许桂菊的《新加坡图书馆空间再造的启示》、[②]深圳图书馆张岩的《从经典阅读到返本开新的文化建设——以深圳图书馆“南书房”经典阅读空间为例》、[③]北京大学王子舟的《我国公共阅读空间的兴起与发展》、[④]北京大学李新国的《城市公共阅读空间发展的新趋势》。[⑤]阅读空间的重塑“以人为本”，旨在重视用户体验、营造空间的人文环境、增强功能的开放性和发展性。现代图书馆阅读空间的重塑，根据阅读的私密性，不仅要求促进阅读，还要能激活知识，成为用户思考和遐思的空间、创意的空间和创新的空间。

4.专家的引入

显然，书目推荐、阅读推广活动的开展、阅读空间的重塑，并未为读者

①于国英.高校图书馆空间布局改造与重新设计[J].图书馆建设，2014(5)：71-73，70.

②许桂菊.新加坡图书馆空间再造的启示[J].大学图书馆学报，2016(3)：69-74，15.

③张岩.从经典阅读到返本开新的文化建设——以深圳图书馆“南书房”经典阅读空间为例[J].图书馆论坛，2016(1)：61-66.

④王子舟.我国公共阅读空间的兴起与发展[J].图书情报知识，2017(2)：4-12.

⑤李国新.城市公共阅读空间发展的新趋势[J].公共图书馆，2016(3)：2.

的阅读带来实质性的改变，图书馆界在掀起前所未有的阅读推广活动之后，依然感觉到自身作为一个中介机构，存在着一种严重的无力感。而对于急于出成效的图书馆人来说，在面对自身的劣势（如自身权威和引领力量的不足、图书馆阅读推广人能力的缺陷以及在各个社会团队中所处的卑微地位等），注定了图书馆人在掀起阅读推广大潮之后，无法掌控最后的实际效果。为了让所有的努力不至于竹篮打水一场空，图书馆开始注重自身能力的培育，并联合各种相关部门，大量邀请专家学者使之成为阅读推广人或者阅读辅导者，帮助图书馆开展阅读推广工作。也正由于阅读推广活动的迅速发展，形成了很强的影响力，吸引了不少的专家学者参与进来。这些专家主要来自三个方面：社会专家、图书馆界本身的文献专家、学校教育专家，他们积极参与图书馆阅读推广活动，进行阅读导读。夏立新认为，将专家名人纳入阅读推广人队伍中，注重不同阅读推广人之间的合作互助，使专家名人身份特征与群体阅读需求的一一对应，通过这种效应能达到激活全民阅读激励机制的效果。[①]专家的加入，使得阅读推广活动在进行各种主题、各种层次、各种切入点的推广内容进行推广时提供了人才保障，专家以自身的阅读修养和影响力，对读者进行言传身教，能有效地提高参与者的阅读兴趣和阅读期望，从而极大地提升了阅读推广效果。沈阳师范大学图书馆正式签约了六十几位校内外专家，为图书馆阅读推广工作助力，[②]而西南交通大学图书馆更是联合校内专家，以图书馆阅读与写作中心为主导，推动阅读经典，提升大学生的读写素养。越来越多的图书馆吸收了大量的专家纳入阅读推广队伍中。[③]虽然这种行为提升了阅读推广的实效，但除非对专家有实质性的要求，每年一两次的活动，对读者的影响力几乎是蜻蜓点水。

①夏立新，李成龙，孙晶琼. 论名人效应在阅读推广人机制中的应用价值——“Premier League Reading Stars”项目的启示[J]. 图书情报工作，2015(22)：141-147.

②王磊，吴瑾. 图书馆“阅读推广人”模式的实践探索——以沈阳师范大学图书馆为例[J]. 图书情报工作，2017(6)：6-10.

③刘云，杨勇，夏琬钧，等. 工科高校图书馆提升大学生读写素养的实践与探索——以西南交通大学为例[J]. 四川图书馆学报，2018(3)：57-60.

图书馆为了发挥其中介职能，在阅读推广的路上走得异常艰辛。图书馆界越来越感受到除了自身的缺陷外，还有来自外界的无奈，其中主要的原因是在阅读推广过程中，与家庭、社会乃至教育等各个方面难以产生有效的共鸣。图书馆极力推进全民阅读，事实上，人们爱不爱阅读不是图书馆能够左右的，因为图书馆作为中介机构本身没有能力去培养读者的阅读技能和阅读兴趣，这种能力培养的归属是家庭教育和学校教育。回过头来发现，图书馆人为阅读推广下的定义太宽广了，以至于在实践过程中难以控制和把握实际效果。阅读推广何去何从，需要重新审视。

5.教育中阅读的兴起

在图书馆阅读推广工作轰轰烈烈时，学校的阅读教育悄然兴起。显然，面对文献价值的排序，拥有专业知识和较高阅读修养的教育界人士，可能更具影响力和发言权，对阅读效果的控制力更胜一筹。变革源自高校的人文通识教育，最先开始的是2001年北京大学启动的“元培计划”，随后是2005年复旦大学的复旦学院。但面对林语堂先生的金句“教科书不是书”，我们只能说，阅读教育还未上路。2009年，大力呼吁通识教育的甘阳受聘于中山大学，正式学习芝加哥名著运动时期的模式，几乎照搬了美国圣约翰学院的课程体系，开始博雅学院的创建，开启经典阅读教育的序幕。博雅学院课程设置贯彻“少而精”的原则，每学期主要课程一般为4~5门，但每门课均有大量阅读和作业。学生在四年本科期间将广泛而深入地研修中西方文明传统及其经典著作，必修古汉语、古希腊语与拉丁语等古典文明语言，兼修艺术理论及其技能。博雅书院于2009年招收第一批学生，进行精英化培养。相继而来，重庆大学、清华大学纷纷按照博雅学院的模式开始建设和招生。博雅学院模式已经非常接近图书馆阅读推广的最终理想，但我们要看到，如前所述，中国古代书院式教学是从小就用经典教学，博雅学院在利用经典阅读培养精英的教育上，和古代精英式教育相比，起点整整晚了15年。人生有多少个15年，而青少年的15年是人生学习、进步和成型当中最重要的年华。显然，大学再来进行阅读教育，只是在人多数习性都已成型的情况上，稍做雕饰而已，当然，能锦上添花也是好事情。这也是《哈佛通识教育红皮书》（简称《红皮书》）中描述的，它讨论的是大学通识教育，但整个内容中，一大半的篇幅是在讨论中小学教育。在《红皮书》中，美国人对其初等教育是十分满意的，而诟病的是中学教育。《红皮书》开篇提出了“柏拉图之问”：青少年时代是个性形成的时期，极易被打上各种烙印。我们能够草率地允许孩子们听一些随意编造的故事，以至让他们接受那些与我们认为他们成年后应该拥有的思想观念时常相左的思想吗？[①]因此，博雅学院模式的改革也许会成功，但仅仅是在作为成人的大学里推行这样的教育，是不是一种舍本逐末的无奈之举呢？我想这也是在芝加哥大学的名著运动之后，为什么哈佛大学花费大量人力和物力进行调查形成通识教育红皮书的主要原因。

南京大学在周宪的引领下，开始另一场阅读的革命。周宪联合南京大学名师，在不改变现有教育体制的情况下，推动了“悦读经典”计划。周宪在《从“沉浸式”到“浏览式”阅读的转向》一文中，试图利用行政手段、专家导读、教师引导、开放交流的方式培育、维持并强化读者群体（尤其是青少年）沉浸式阅读行为和习性，进而维持阅读的生态平衡。[②]“悦读经典”计划在2015年9月正式实施，其方案内容主旨是：设置本科生悦读通识必选学分（2学分），包含经典研读、导读和悦读三个学习模块，覆盖本科一至四年级、课内到课外。加强第一课堂、第二课堂联动，课程形式由小规模的研读课程和读书会逐步拓展至大规模的经典悦读慕课学习，结合全校范围内的各类读书活动，并融入名师指导与朋辈互助机制，从而构建立体化的经典阅读体系，使广大学子通过接触经典、深入研究经典、广泛交流经典，逐步培养“悦读”经典的习惯并终身受益。“悦读经典”计划在形式上更加立体，受众更广泛。然而，仅仅实施3年，暴露出的问题十分严重，更不用说能否绽放出思想的火花。“悦读经典”计划原意是想通过教育推动阅读，但其严重的形式主义深深影响了效果的显现和目标的达成，学生学习参与对通识教育核心

①哈佛委员会.哈佛通识教育红皮书[M].北京：北京大学出版社，2010:1.

②周宪.从“沉浸式”到“浏览式”阅读的转向[J].中国社会科学，2016(11):143-163，208.

目标达成的影响力不大，同伴互动与师生互动影响较小，甚至还有不利的影响。[①]这充分说明南京大学的“悦读经典”计划形式胜于质量。

中山大学和南京大学两校的通识教育经典阅读改革，分别获得2018年国家教学成果奖高等教育类二等奖和一等奖，这充分肯定了他们改革所取得的成绩。但要真正以人为本，培养精英，高等教育目前仅凭自身做出的努力是不够的。这些环境都需要那个处于学校文献中心和阅读中心的图书馆做出改变，只有这样才能真正树立起经典的权威，使大学图书馆真正成为阅读的伊甸园。但即使如此，高等教育还需要做出彻底的改变才能达成自己的目标。个人认为，高等教育要认清教育与阅读的区别，根据目前情况，对初等教育、中等教育进行反馈，促进初等教育和中等教育的变革，甚至促进家庭教育和社区教育的重新审视，重视阅读和教育的合体，才能在大学教育中顺理成章地推进经典阅读，取得良好效果。通识教育不涉及初等学校就是不合逻辑的，不涉及幼儿期就更加不合逻辑，因为，如果人在这些时期的教育若不是“普遍的”，那么将什么也不是。

四、未来之路

前面论述文献价值排序对教育的意义，是不是就可以说，应该将价值排序靠后的文献完全切断，不让其进入教育领域呢？如果按照近代新教育思潮时期如林语堂、陶行知、朱光潜、王国维、朱自清等的观点，利用文献价值排序原则，是否应该将目前所有的教科书（包括中小学教材）都定性为价值靠后的文献？这是值得思考的。

美国作家特里尔的《毛泽东传》里，有这样一句话：中国的革命是从图书馆开始的。[②]未来是否会再出现另外一句话：新中国的教育和阅读革命也是从图书馆开始的。接下来我们可能要做的重要工作，就是通过阅读推广的文

---

①吕文静，吕林海．通识课程学习参与对目标达成的影响——基于南京大学本科生调查的实证分析[J].高教发展与评估，2018(2)：88-100，108.

②罗斯•特里尔．毛泽东传[M].何宇光、刘加英译．北京：中国人民大学出版社，2013:40.

献价值排序，利用图书馆的中介作用将教育和阅读连接起来，融为一体。

（一）文献价值排序标准探讨

目前图书馆使用的无论哪一种分类法和检索途径，都是为了方便读者找到自己需要的书。使文献变得有序和便于查找，是现代分类法的核心意义。现代文献分类的主要特征是按照文献内容特征的相互关系加以组织、以学科和专业为中心集中文献、以一定的标记符号作为排序工具、通过类目索引提供查找途径。纵观所有对于现当代文献分类的研究成果，极少有涉及文献价值排序的思想。显然，目前使用的分类法，虽然在组织和检索文献方面提供了极大的便利，但对于读者阅读选择或者图书馆阅读推广工作，在文献越来越多、良莠不齐的时代里，没有体现出自身的价值。目录学，除了有纲纪群籍的功效外，还有更重要的辨章学术、考镜源流、指示门径、辅导和推广阅读的作用。它以辨章学术、考镜源流的方式，辨别文献真伪，对文献的价值进行衡量。《汉书 · 艺文志》通过文献类目的设置、文献排列、文献注释等途径，对文献价值进行排序，彰显经学文献，突出儒家经典，成为古代目录体系的重要体例。而后的四部书目无论是甲乙丙丁还是经史子集，都包含着文献价值排序功能。在这里，我们并不是提倡返古，但应该思考：在学习国外分类法之时，我国原有的文献分类法是否完全丧失了自己的优势？是不是可以说图书馆因为现在的文献分类法影响了各级别图书馆的学术地位和身份地位，使之沦为简单的工具而造成处于从属地位？中华大地，国家对文献组织者多礼遇有加，因为他们掌握着文献价值排序的标准，可以对国家的未来产生巨大的影响力。现在，谁来执文献价值排序之牛耳？图书馆界理应为此发出声音。彭斐章在2008年以近80岁高龄发表《阅读的时代性与个性》，以目录学家的眼光呼吁图书馆界重视阅读推广，并针对当前图书馆员素质，表达了对阅读推广前景的担忧。①随后，他发表了《学科环境的变化与目录学变革

①彭斐章，费巍．阅读的时代性与个性[J]．中国图书馆学报，2008（2）：9-15，23.

路径》[①]和《我国图书馆员职业研究》[②]，提出中国目录学在传统上强调文化学术价值判断，以及提升图书馆员职业素养的期望。在这里，他已经看到了目录学在阅读推广中的可为。2014年他又发表《目录学是读书治学的必修之学》，支持清代学者王鸣盛"目录之学，学中第一紧要事"之说法，并充分论述了重视知识和图书文献是读书治学的基本价值观、鉴选图书文献是读书治学的基础、方法论是读书治学的工具、知识创新是读书治学的目标等四个方面的问题。[③]他在这篇文章中明确提出对文献价值选择担忧，如"文献信息的不断增长给读书治学带来了前所未有的困难。……在网络环境下，文献的查全率和查准率下降，对于读书治学来说，鉴别和选择的难度加大，在文献和知识海洋中要找到所需的最有价值的资料将变得更加困难。"并提出，解决巨量的文献信息与人们对其特定需要之间的矛盾，正是目录学的任务。因此，是改革现有的文献分类法，加入古代目录学价值排序的元素，还是集全国专家之力，重新制定或者创造一个文献价值排序标准？这关系到未来图书馆的命运，甚至关系到未来教育乃至国家发展大计。

（二）推动文献来源的价值判断

在判断文献价值上，未来要做的第一步是文献来源的控制。出版机构是判断文献价值的起点。重要的出版机构对文献的出版会抱着谨慎和负责任的态度。他们每年会出版一些价值排序靠前的文献，每一个出版编辑的心中都有一杆秤，衡量着出版物的好坏，聘请大量专家来对出版物进行价值判断。我们有时可以从外观和标识上初步判断文献的重要性。但并不一定重要的出版机构出版的文献都是好的，有的会一直追求书的畅销，用一些华丽的辞藻描述文献的内容，以此推销并获得经济利益。追求商业利益的思想深深地影响着教育和阅读。目前有的阅读推广者认为，出版机构、媒体、社会团队等

①彭斐章，盛钊．学科环境的变化与目录学变革路径[J]．图书情报知识，2008(6)：51-55.

②彭斐章，彭敏惠．我国图书馆员职业研究[J]．图书馆论坛，2010(6)：5-10，75.

③彭斐章．目录学是读书治学的必修之学[J]．图书情报知识，2014(3)：8-9.

都应成为阅读推广的主体，更有甚者，近年竟然将阅读营销作为阅读推广的主题进行大量研究。这些行为已经缺失了对文献的价值判断。我们前面已经论述阅读推广的崇高意义，将带有商业利益的组织机构纳入阅读推广主体是严重的不负责任的行为。阅读推广主体只有一个核心，那就是图书馆，其次才是教育机构。教育机构可以根据文献价值排序原则要求学生进入图书馆阅读价值排序前端的文献。而对于出版机构，图书馆应对其出版的文献，根据文献价值排序标准，像要求标识在版编目一样，要求所有出版机构对文献进行价值标识，以正确引导读者阅读和消费，从而实现文献内容价值和使用价值的最大化。出版机构应利用文献价值排序标准，邀请专家对将要出版的文献进行价值审核。《中国学术期刊（光盘版）检索与评价数据规范》（CAJ-CD B/T 1-1998），为便于文献的统计和期刊评价，规定每一篇文章或资料应标识一个文献标识码。而对于文献来源的价值判断，图书馆界是否应针对所有出版物像期刊出版一样推动国家制定价值判断标准，要求出版机构给出有利于文献组织的价值标识符呢？

（三）重建图书馆馆藏空间结构

当所有经典书淹没在普通图书海洋之中，缺乏对经典的敬畏和价值判断能力的读者，是无法自觉借阅这些价值排序前端的文献。那些发现“死活读不下去的经典”以及满是灰尘从未被人借阅的经典书的调查报告，虽然未提出文献价值排序理念，但从字面上我们可以看出处于价值排序前端的文献，是不应该被埋没在书海中的。几乎所有与人打交道的方式，都是尽量展现自身有价值的一面。而目前图书馆的文献借阅服务不是如此。对于阅读推广来说，首要工作是展现并推广图书馆最有价值的文献。因此，重建图书馆文献馆藏空间结构，突出最有价值的文献，是阅读推广当前重要的工作之一。王余光在价值排序和馆藏调整中提出了两个富有建设性的理念：对于社会，经典才是社会统一价值的体现；对于教育，经典阅读是通识教育的核心，而经典阅览室的建设是通识教育的主要途径。目前已有图书馆根据王余光的理念，为了凸显有价值的文献，进行馆藏空间结构调整。不少图书馆开始进行经典阅览室的建设，如深圳图书馆的南书房、同济大学的闻学堂等。但对于整个全民阅读的推动意义来说，这些还只是高山上的一滴泉水，不足以掀起巨浪，甚至不足以溅起一片波浪。根据文献价值排序理念，笔者认为，未来理想的图书馆（包括各行各业的图书室）必须具备：环境优美、空间宽敞、有私密空间、占据图书馆所有优越位置、拥有价值排序最前端文献的经典阅览室；有操作空间、方便文献获取、方便读者探讨、拥有专业价值排序最前端文献的专业文献阅览室；用于查阅、参考、密集摆放其他价值文献的借阅室。三个等级的空间重建，应是未来图书馆体现文献价值的空间调整的主要方向。阿根廷国家图书馆前馆长、著名诗人博尔赫斯说："如果有天堂，那里应该是图书馆的模样。"如果让最有价值的经典全部淹没在图书馆的各个书架中，甚至丢弃在充满灰尘的角落里，那一定会让天使充满了泪水，天堂便成了充满荆棘、野草丛生的田地。当然，我们无须在割裂中创新，重要的是融合传统的理念和现代的技术。未来之路应该依然倾向于将目录学和文献分类法有效结合，通过文献价值排序，在文献分类中加入价值标识符，在便于查找的同时，利用馆藏空间隔离和排序有效地区分文献的价值。

（四）推动教育的变革

1999年，教育部以继承和弘扬中华民族优秀的历史文化传统，吸收人类文明发展的优秀成果，提高大学生的文化素质为目标，批准建设第一批32个国家大学生文化素质教育基地，为加强和改进大学生思想政治教育服务。2006年扩展第二批61个基地。基础教育虽然还持续使用新版教材教学，但越来越重视内容的价值，并注重课外阅读的训练和培育。图书馆应尽快实施文献价值排序工作，为教育和阅读提供最好的环境和最肥沃的土壤，以保障目标的最终实现。我们需要努力形成文献价值排序标准，固定现有文献的价值排序结果，以此指导并推动家庭藏书的建设，以及学校教育、社会教育的变革，从而彻底改变我国全民阅读的现状。教育理应利用价值最高的文献作为内容进行教学，将教育和阅读融为一体，传授技能的同时传授经典的思想，将技能学习和人文教育合二为一，将专业教育与道德教育有效结合，从本质上改变人才培养模式。

高校图书馆阅读推广人的素质构成

未来社会的中坚力量或者说精英分子主要是从大学校园走出去的，因此，全民阅读应该把阅读推广的研究重点集中在高校图书馆阅读推广上，也可以这么认为，高校图书馆阅读推广，是全民阅读推广的核心和未来，没有良好的高校阅读氛围，全民阅读氛围的建设必成无源之水。拥有良好阅读习惯的大学生，将会成为未来的父母亲，也会成为未来全部教师的组成部分。而全社会阅读习惯的形成，依赖的核心部分就是来自学校的教育和家庭的训练。从长远发展来看，要提升全民阅读水平，一定要提升教师和父母的阅读水平；图书馆界要解决阅读推广相关问题，必然先从高校图书馆阅读推广探索着手，从而在源头上为未来全社会阅读推广打下坚实的基础。高校图书馆在阅读推广中处于如此重要的地位，使得高校图书馆阅读推广人将肩负着重大的使命，这一使命的出发点和终极任务就是要使大学生养成良好的阅读习惯，也就是要培育大学生养成一些特殊的素质，如良好的阅读兴趣、合理的阅读时间的安排和控制、阅读内容的分析和选择、阅读感受的写作与表达等等。高校图书馆是大学生阅读的核心场所，高校图书馆阅读推广人责无旁贷，理应肩负起这一使命。在这一使命的驱使下，高校图书馆阅读推广人将面临巨大挑战：

如何提升自身素质成为一个合格的高校图书馆阅读推广人？

2014年中国图书馆学会对阅读推广人进行了定义：“阅读推广人是指具备一定资质，能够开展阅读指导、提升读者阅读兴趣和阅读能力的专职或业余人员，培育对象包括各级各类图书馆和科研、教学、生产等相关企事业单位人员及有志参与阅读推广事业的其他社会人员。”[①]定义里并未说明阅读推广人应具备何种素质。另外，在2015年出版的阅读推广人系列教材以及2017年范并思发表的《建设全面有效的阅读推广人制度》，[②]都未全面涉及阅读推广人应具备的素质。陈晓梅认为阅读推广人专业能力构成要素为阅读能力、组织策划能力、推广阅读能力、沟通能力和获取推广阅读素材的能力五种，[③]并阐述核心能力是推广阅读能力，认为阅读推广应该是传播阅读价值观、培养全体公民崇尚阅读、自觉阅读的良好风气。但要实现这样一个伟大的目标，仅仅是这五种能力组合很难完成。同样，白君礼与张芬认为研究阅读推广难度极大，没有一定的哲学水平的人很难驾驭，但又将阅读推广价值主体的价值观简单划分为“教育派”和“中立派”，出乎意料支持“中立派”，认为阅读推广人并不一定比阅读者能力强，并认为阅读内容选择不能带有价值。[④]这样一个矛盾的论述显然有意识地忽视阅读推广人素质构成问题，而更应该意识到阅读推广人同时是阅读推广研究者。刘琳琳在《数字阅读背景下高校图书馆阅读推广人专业素养构成与培养》谈到了高校阅读推广人应具备三大素质：丰富的人文素养、过硬的专业技能、良好的心理素质。[⑤]这三种素质应该是放之四海而皆准的素质，几乎对任何行业都有指导意义，针对性不强，没有涉及高校图书馆阅读推广人的核心素质。根据作者的研究和实践相结合，

①王磊，吴瑾．图书馆“阅读推广人”模式的实践探索——以沈阳师范大学图书馆为例[J]．图书情报工作，2017(6)：6-10.

②范并思．建设全面有效的阅读推广人制度[N]．中国文化报，2017-04-21(3).

③陈晓梅．阅读推广人专业能力构建的理论探讨[J]．兰台世界，2015(12)：125-126.

④白君礼，张芬，论图书馆阅读推广主体概念和研究的意义[J]．图书馆，2017(7)：49-55，91.

⑤刘琳琳．数字阅读背景下高校图书馆阅读推广人专业素养构成与培养[J]．图书馆学刊，2017(4)：25-28.

认为合格的高校图书馆阅读推广人应具备四个方面的素质：良好的阅读习惯、专业的图书馆学知识、具有一定的理论研究水平、仁爱之心。良好的阅读习惯是高校阅读推广人的核心素质，专业的图书馆学知识是其基本素质，具有一定的理论研究水平是其必备素质，具有仁爱之心是其追求的最高素质。

一、良好的阅读习惯

阅读推广是培养读者阅读习惯、激发读者阅读兴趣、提升阅读者阅读水平的工作。阅读推广的服务目标是让不爱阅读的人爱上阅读、使不会阅读的学会阅读、使阅读有困难的人跨越阅读障碍。这个服务目标的核心就是让人拥有良好的阅读习惯。要达成这个服务目标，作为阅读推广人应该具备什么样核心素质，才能实现这样一个目标？学高为师，身正为范，阅读推广人必须具有引领阅读的素质。显然，良好的阅读习惯应是阅读推广人的核心素质。尤其是在高校图书馆，推广的对象是高校师生，其阅读层次和水平可以说是处于全民阅读的顶层，因此，没有良好的阅读习惯，阅读推广人在工作中将不断暴露出自身阅读习惯和知识储备的不足，阅读推广效果难以体现。记得有一个阅读推广人士说过，他以前干过很多这种事情，曾经把网络上的书目、专家推荐书目整理出来交给读者，告诉他们："去读吧，这些都是好书！"灵魂的内疚使他反省，这些书大多数他自己没有读过，却叫读者去读，会对读者造成什么样的影响，对自己的工作能安心吗？[①]这个例子对于目前几乎大多数自诩为阅读推广人的图书馆员来说，是一个不争的事实。阅读推广人本身缺乏阅读兴趣、没有良好的阅读习惯，那又如何做好自己的工作、体现自身的价值？所以，合格的阅读推广人一定要拥有良好的阅读习惯。张怀涛认为九种良好的阅读习惯具有普遍性，包括珍惜书、勤翻书、不走神、定计划、挤时间、提问题、求师友、动笔墨、讲卫生。[②]这九种习惯对学习习惯来说具

---

①吴良.为儿童阅读奔走呐喊的一本书：评《中国儿童阅读6人谈》[J].福建论坛(社科教育版),2010(3):86-87.

②张怀涛.阅读应当像呼吸一样自然：谈九种良好的阅读习惯[J].图书情报研究,2015(2):16-21,25.

有一定的特点，但是对于阅读习惯来说没有太强的针对性。一个具有良好阅读习惯的人应具备三大特点：爱好阅读经典、有固定的阅读领域、反复阅读。

一个优秀的阅读推广人，必定是要拥有良好的阅读习惯。良好的阅读习惯根植在经典阅读之中。因此，高校图书馆阅读推广人要不断通过阅读经典，形成专门的阅读领域，并通过反复阅读经典养成良好的阅读习惯，真正拥有阅读推广人的核心素养，才会在开展阅读推广中拥有强大的自信心，从而提升阅读推广效果。

二、专业的图书馆学知识

阅读推广是当前图书馆工作的核心领域。除了图书馆员外，还有科研、教学、生产等相关企事业单位人员及有志参与阅读推广事业的其他社会人员也可以作为阅读推广人的培育对象。这个定义表明，图书馆员是专业的阅读推广人，其他都是业余的或者是兼职的，需要进行培育，这个培育在专业的定义上，应当首先培育其图书馆学专业知识。阅读推广人的基本职责是对馆藏资源进行高效整合与推送，这就要求他们具备相应的专业技能。在对馆藏资源进行整理过程中，阅读推广人需要利用专业技能解决各类问题，如建设阅读资源索引、文献分类等。高校图书馆阅读推广人应熟知图书馆馆藏文献资源类型、内容及馆藏位置，方便随时引导读者获取文献资源；熟知数字资源、虚拟资源及利用方法，随时指导读者检索和利用数字资源；应掌握图书馆学基本知识，包括图书馆要素、图书馆分类体系，熟知中国图书馆分类法。我们可以在策划阅读推广活动时邀请教学、科研、生产等企事业单位人员或者社会名人参与阅读推广活动，但在面向师生推广阅读时，我们首先的目的不是要读者去购买书籍，而是要读者进入图书馆阅读或者借阅，这就要求我们要以图书馆的服务精神向读者推荐阅读，并为他们介绍如何查询图书，如何借阅图书，在更深层次上还应指导读者如何读书。雷水旺在《高校图书馆服务的新生命力：阅读推广人》做出定义：高校图书馆阅读推广人既要具备一般图书馆员的资质，又要具备一定的策划组织能力、编写推荐书目的能力、公关能力、书评能力等，能够开展阅读指导、提升读者阅读兴趣和阅读能力的专业馆员。[①]因此，从专业的角度看，高校图书馆阅读推广人的基本素质是必须拥有专业的图书馆学知识。

三、具有一定的理论研究水平

阅读推广人是否应具有一定的理论研究水平？阅读推广人系列教材之一《图书馆阅读推广基础理论》给出了答案，图书馆阅读推广是偏重实务性的业务工作，但并不意味着可以轻视或忽视相关的理论研究，没有坚实理论基础的阅读推广工作不会是卓有成效的工作，缺乏扎实理论功底的阅读推广工作人员不会是高水平的从业人员。[②]从这个角度出发，阅读推广人必须具备一定的理论研究水平。

确实如此。我们可以把阅读推广看作实务性的活动，我们也可以把阅读推广上升到形而上的思考和研究。阅读推广已经成为一种人类生活中的事实，随着知识的增加和积累，阅读推广将继续向前发展。在发展的过程中，我们需要不断积累经验，从中寻找一条最适合阅读推广发展的道路，形成理论，然后在进程中纠正阅读推广中不合理的部分，使其不偏离人类发展的正确道路。我们需要继承传统，我们也要开拓创新。现阶段，所有的阅读推广人都在用自己的亲身经历去寻找和发现阅读推广真实的存在和未来的方向。我们要对阅读推广前景进行探索，对阅读推广事实进行描述，还要对阅读推广现象进行解释。阅读推广领域存在许多基础理论问题，这类问题包括阅读推广“是什么”“为什么”的问题，以及阅读推广服务的目标和方向问题，对这些问题的研究，将奠定阅读推广理论自觉的基础。对这些问题的研究，我们阅读推广人责无旁贷。

高校图书馆阅读推广人应走在阅读推广理论研究的最前沿。首先，高校是社会的才智之都，它是社会的核心力量，是社会的灵魂。纽曼曾在《大学

①雷水旺.高校图书馆服务的新生命力:阅读推广人[J].河南图书馆学刊,2016(4):42-44.

②吴晞.图书馆阅读推广基础理论[M].北京:朝华出版社,2015:14.

的理念》一书中说："大学是一切知识与科学、事实与原则、探究与发现、试验与思辨的至高保护力。"图书馆作为高校的三大核心组成部分之一，秉承着高校教学与学术研究相结合的功能，自然也离不开学术研究。其次，图书馆学是研究知识与信息的组织整理方法，以及通过图书馆这一机构或服务实现知识与信息传递的学问。阅读推广目前已经成为图书馆学的核心领域，阅读推广的发展带来新的理论问题，对于阅读推广理论的研究正在形成新的图书馆学理论领域。高校图书馆阅读推广人在培养自己阅读习惯的同时，还要通过自己的专业知识学习，立足岗位，善于总结，参与研究。最后，研究本身对于阅读推广有很强的指导作用。我们阅读推广人有大量的实践活动，不缺实践，就缺理论。有专家认为，理论联系实践的前提是有一个很好的理论。但图书馆学里面哪有什么非常优秀且放之四海而皆准的理论，让我们来联系高校阅读推广实践？根本就没有这样的理论。所以我们现在要做的是把我们优秀的、丰富的实践提升到理论高度，这是我们做研究最重要的追求。如果不能将实践提升到理论，我们称为经验描述。学科发展早期允许经验描述。比如早期的阅读推广研究可以是简单介绍案例，但阅读推广研究发展到一定程度，再简单介绍案例就不行了，需要把实践提升到一个理论的高度。尤其是高校图书馆阅读推广对象主要为教师、研究人员、本科生和研究生，面对这一类有一定理论基础的读者，阅读推广人更需要用理论研究来提升自身素质，才能更好地开展工作。因此，具有一定的理论研究水平是当前高校图书馆阅读推广人的必备素质。

四、仁爱之心

对于拥有良好阅读习惯的人来说，阅读是一件很愉快的事情。同理，阅读推广也是件快乐的事情。孔子曰："人而不仁，如礼何？人而不仁，如乐何？"[①]阅读推广人一定要怀有仁爱之心来开展阅读推广活动。

《全民阅读促进条例（征求意见稿）》第一条宗旨：全民阅读是为了推动

①孔子.论语译注[M].杨伯峻译注.北京：中华书局，1980：24.

学习型社会建设，丰富人民群众精神文化生活，增强公民思想道德素质和科学文化素质，提高社会文明程度。阅读推广人都应怀着这个梦想，在这条路上努力奋斗，不含私心。图书馆收藏着无数的经典，只有图书馆员最熟悉这些经典在哪里，而且阅读推广人知道这些经典对于读者的意义。因此图书馆阅读推广人都应包含仁爱之心，面向广大读者不遗余力地推荐阅读。

阅读推广服务是一个长期的工作，做好一次服务不难，难就难在每次都要服务相同的读者还需要保持很好的服务效果。请名家来做一次阅读推广讲座，他只需好好地准备一次，做完讲座就走了，但是做讲座的时候带着自己的新书来推销一下，这显然很难体现长期效果。高校图书馆服务的对象相对固定，并且对每一个读者的服务频次在所有图书馆中是最高的，所以要长期坚持做下去，阅读推广人就不能怀有私心。当你怀有私心去做阅读推广，必定会将这份私心传递给推广对象，如果第一次就包含私心去做，会被读者发现，一传十，十传百，读者的信任度下降，以后的工作开展就会越来越难，推广的效果就无法得到长期的保证。所以，高校阅读推广人更要怀仁爱之心服务高校读者。当然，要做到所有的活动都润物细无声，不求一点名利，也是不可能的，但作为高校图书馆阅读推广人，要尽量避免。

“夫仁者，己欲立而立人，己欲达而达人”①，这是仁爱之心的最高体现，也是高校图书馆阅读推广人追求的最高素质。

我们来看看教育界众多名人是怎样成为高校图书馆阅读推广人的榜样。孔子以自己的仁爱之心，辑成《诗经》等，供天下人阅读。梁启超、胡适为学子们推荐阅读不遗余力，甚至还起了国学书目之争。布鲁姆以无私之心做《西方正典》，只为经典的沉沦而努力呐喊。国家图书馆原馆长詹福瑞在表述《论经典》的写作目的时这样说：在沉着坚定地以仁义、民本思想救世的孔孟面前，在愤世嫉俗地以自然无为救人的庄子面前，在奋起抗争黑暗、高呼“救救孩子”的鲁迅面前，在柏拉图、莎士比亚、托尔斯泰等面前，我强烈地

①孔子.论语译注[M].杨伯峻译注.北京:中华书局,1980:65.

感受到对当今学者文士包括我自己的感受。[①]这就是我们阅读推广人，尤其是高校图书馆阅读推广人应有的思想：仁爱之心、悲天悯人。在此，改王波的一句话与所有阅读推广人共勉：阅读近德，大德必寿，德不孤必有邻；阅读近仁，大仁必寿，仁者无忧。[②]

以上论述了高校图书馆阅读推广人应具备的素质。高校图书馆在遴选阅读推广人时，应以良好的阅读习惯、专业的图书馆学知识、具有一定的专业研究水平、仁爱之心这四种素质为基础条件，辅以个人形象、言语表达、组织能力、交际能力、写作能力等条件进行甄选，形成强大的阅读推广人核心人才，建立一支可靠的阅读推广人队伍，推动阅读推广活动的有效开展，提升阅读推广效率。

①詹福瑞.论经典[M].北京:人民文学出版社,2015:412.

②王波.我为什么研究阅读疗法——《阅读疗法》跋[J].图书与情报,2007(3):132-134.

基于马太效应的图书馆阅读推广探析

一、马太效应在阅读推广对象中的体现

20世纪60年代，社会学家罗伯特·莫顿首次将“贫者越贫、富者越富”的现象归纳为“马太效应”。[①]“马太效应”在图书馆阅读推广活动中时有出现。巴特勒曾经指出，人们的阅读习惯很重要，与没有阅读习惯的人相比，养成良好阅读习惯的人更容易去阅读。研究结果表明：阅读环境越好的家庭，孩子对阅读投入时间越多和阅读兴趣广泛度越高。[②]爱读书的家庭和读者，会经常关注图书馆阅读推广活动，而对于不爱读书的人来说，图书馆阅读推广活动毫无吸引力，于是就造成了爱读书的人不断参加阅读推广活动，而对于不爱阅读的人依然在阅读推广之外徘徊。例如，某高校图书馆每年针对本科生进行一次阅读之星的评比，通过读者借阅书的册数与种类的对比、进馆次数的对比、参与图书馆阅读推广活动次数的对比等因素进行加权比较，最后评出阅读之星，结果在阅读之星的名单上，除去毕业生的离去和新生的加入，

①朱煜.马太效应[M].北京：中国纺织出版社，2007：2-3.

②王卫霞.家庭背景对大学生阅读影响的实证研究[J].中国出版，2015(17)：70-72.

其余的名单每年变化不大，几乎都是前一届的读者当选。而在抽查一个班级的借阅册数上，最后几名的人员名单基本保持不变。

阅读推广对象中马太效应的出现，究其深层次的原因，可以认为：来参与阅读推广活动的读者，他们本身已经具有了一定的阅读习惯，因而对阅读推广活动比较敏感，所以经常参与和关注；没有阅读习惯的人，来参与活动的可能性也有，大体表现为爱新奇、爱追风或者是某种利益的驱动，形成一次性行为，难以持续。另外，图书馆对于读者在阅读习惯的养成方面没有任何的强制性措施可以实施，没有巨大的财力对读者产生诱惑力，没有以行政力量来形成规范措施，因此很难对不爱阅读的人产生影响力。这是马太效应形成的一个重要原因。

消除阅读推广对象方面存在的马太效应，关键在于全民阅读习惯的建立。推动全民阅读习惯的建立，不是图书馆层面可以解决的问题，也不是一两所学校、一两个地方政府可以解决的。它必须上升到国家战略层面。2001年美国《不让一个孩子掉队法》规定，针对幼儿园和低年级学生实施政策：通过把阅读放在首位来提高读写能力；2015年《每一个学生成功法》取代《不让一个孩子掉队法》，依然保留了阅读在三至八年级每年测试和在高中测试一次，并且对学前教育提出了更高的要求。[①]德国一项研究认为：人们如果在15岁之前没有形成阅读报纸杂志的习惯，那么就无法奢望他们在15岁之后成为忠实读者。[②]幼儿教育和义务教育对我国人民文化素养的提升起了不可估量的重要作用，但是在阅读习惯的培养上，还没有达到不让一个孩子掉队的程度。《全民阅读促进条例（征求意见稿）》提出，在国家促进全民阅读、培养公民阅读习惯、提高公民阅读能力、提升公民阅读质量的基础上，针对重点群体阅读保障条款中，未成年人的阅读保障要占据核心位置。这是一个非常好的开端。国家战略层面的政策制定和实施，是推动全民培养阅读习惯的强

---

①吴海鸥．美国《每一个学生成功法》改革内容及原因探析[J]．世界教育信息，2016(20)：48-53.

②郑全来，陈朝华．精品意识下的深挖与深耕——德国报刊业发展考察报告[J]．传媒，2014(10)：60-62.

力保障，也是破解阅读推广活动对象层面出现马太效应的关键因素。

二、马太效应在阅读推广主体中的体现

阅读推广活动不但能在对象中产生马太效应，还会产生阅读推广主体两极分化。随着阅读推广活动的深入，全民对阅读产生极大的关注度，阅读推广主体将越来越意识到活动的成效对于活动生命力的重要作用。活动成效是活动能够持续和赖以生存的重要支撑。无法检验效果的活动将逐步退出阅读推广的舞台，取而代之的是卓有成效的阅读推广项目。

根据阅读推广人培训教材中描述，阅读推广主体的范围相当广泛，包括图书馆、新闻出版机构、政府机关、教育部门、医疗机构、非营利机构等。现阶段图书馆是阅读推广活动主体的主要力量，这是毋庸置疑的。[①]从研究现状看，以“阅读推广”做主题检索，在中国知网得出的检索结果，以学科分组浏览显示，图书情报与数字图书馆拥有的研究论文占据检索结果的90%以上。范并思认为阅读推广能够成为图书馆的核心领域，但又对此提出了一连串的疑问和亟待解决的问题，显然高估了图书馆应担负的责任和图书馆工作人员的能力；[②]王波则忧虑图书馆阅读推广根基不稳，需要更进一步的研究和扶持，并从他的论述中可以看出目前图书馆没有足够的经验和能力使阅读推广成为其核心领域，具体表现在以下方面：国内外并没有十分成功的阅读推广案例、阅读推广活动的有效性无法确认、阅读推广活动没有长效机制等。[③]范并思和王波同时在文中谈到阅读推广缺乏理论支撑。虽然不断有学者从各种角度对阅读推广做理论上的总结和分析，但是作为一个新生事物，要对其做一个比较权威的定义或者以一个成熟的理论范畴来界定阅读推广，还是有很大的难度。2016年田磊在《国家图书馆学刊》发表文章《关于图书馆阅读推广几个问题的思考》，深刻揭示了图书馆阅读推广目前存在的深层次问题和

①邱冠华，金德政．图书馆阅读推广基础工作[M]．北京：朝华出版社，2015：3．

②范并思．阅读推广与图书馆学：基础理论问题分析[J]．中国图书馆学报，2014(5)：4-13．

③王波．图书馆阅读推广亟待研究的若干问题[J]．图书与情报，2011(5)：32-35，45．

障碍，并对目前阅读推广理论研究所描述的重要环节进行了批驳和辩述，其论述的核心为：图书馆无法改变和培养个人的阅读习惯、图书馆没有足够的能力成为阅读推广的领导者和中流砥柱、阅读推广不是图书馆的核心领域、阅读推广可以作为图书馆服务的延伸指导读者阅读。①目前我国图书馆仍然人力不足，资源缺乏，图书馆工作人员应认识到自身能力的缺憾，无法利用阅读推广活动对读者产生实质性效果和阅读兴趣以及习惯的改变。虽然图书馆学有深厚的理论基础，但是，图书馆只能作为一个实践部门，对图书馆学理论进行实践，其工作人员并不处于理论的顶端，也不具备改变他人、改变社会的能力。这些因素导致图书馆在开展阅读推广活动时无法取得实质性的效果。由于知识的顶端依然被来自哲学人文社会科学的权威学者占有，权威学者在阅读推广中可以用思想理论的力量以言传身教的方式影响读者挖掘阅读兴趣、培养阅读习惯。除此之外，职能部门如教育部门、新闻宣传部门、政府机关等可以通过强制控制读者的阅读行为和阅读方向来实现阅读推广的效果，以达到阅读推广的目标，参见图1。

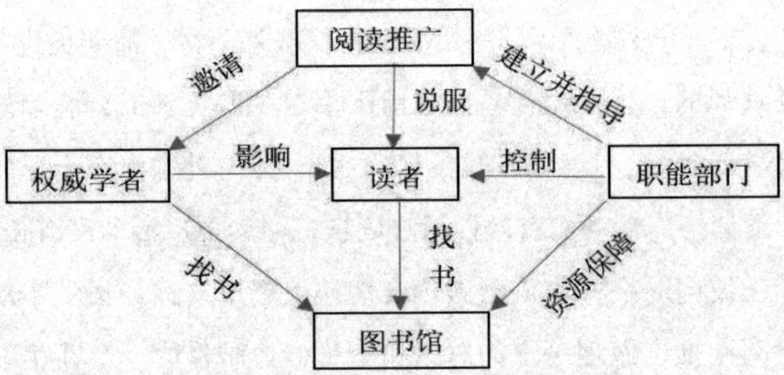

图1　影响读者阅读行为和阅读方向的因素分析

因此，阅读推广主体也将形成马太效应式的分化。无论是在理论研究还是在阅读兴趣与习惯的培养上，权威学者与职能部门掌握着强大的影响力和控制力，这些优势是图书馆无法比拟的。阅读推广活动的主体因为阅读推广效果的归因，权威学者和职能部门将逐渐利用其影响力和控制力，成为培养

①田磊.关于图书馆阅读推广几个问题的思考[J].国家图书馆学刊,2016(2):96-101.

阅读习惯、激发阅读兴趣、提升阅读水平的核心力量，图书馆将被逐步挤出，成为资源提供者和阅读环境建设者。

三、图书馆应对策略

未来一段时期，图书馆为展现自身的影响力，利用自身的优势，消除马太效应，在阅读推广中应注重回归资源建设，主要加强两个方面的建设：一是多元信息资源建设；二是加强硬件设施建设。

多元信息资源建设中，图书馆应注重新一代读者的阅读倾向，加强网络资源的建设。网络阅读的便捷是纸质书籍无法比拟的，未来的趋势是电子化阅读，载体更迭的大势不可阻挡。目前通过软件阅读的人群越来越多。如著名的英语阅读软件——薄荷阅读在快速影响着新一代英语学习者的阅读习惯，薄荷百词斩、薄荷100天阅读计划，每天都激励着英语学习者建立良好的阅读和学习习惯。而超星学习通软件也从2017年9月20日发起了全国性的名家共读活动，共有来自社会各界十名文化名人学者领读了共读活动，他们每天定时领读书本的一些篇章，并对这些篇章进行解读，共读的书有《资治通鉴》《梦溪笔谈》《诗经》《传习录》《大学》等经典著作，并积极倡导阅读者边读边写书评和阅读心得。超星学习通以5万元读书奖励金的激励方式，团结了一大批阅读爱好者，截至2017年10月7日，已有来自全国各地1 144 032人次参与了共读活动，共发表互动话题和书评4 118篇。从这些数据看出，网络阅读加上名人效应，对于阅读推广产生了强大的影响力和控制力。另外超星移动图书馆、中国知网全球学术快报等优秀软件都是读者阅读的利器。图书馆要加强对各种软件资源的整合，将优秀的软件整合在图书馆的信息平台上，并利用软件展开有效的阅读推广活动，为读者打造随时随地都能阅读的终身学习网络资源中心。

在硬件设施建设方面，图书馆应注重阅读氛围和环境的建设。要让读者在图书馆驻足流连，必定需要将自身建设成为一个非常适合学习、让读者全身心投入阅读的地方。图书馆也一直在致力于这方面的建设，除了传统的阅览室外，很多图书馆为开展阅读推广，建立了别具一格的阅读区域，如同济大学图书馆的“闻学堂”、深圳市图书馆的“南书房”等。王余光先生认为，提升阅读水平、开展人文素养教育，必须从建立环境优雅的经典阅读室开始。[①]一个好的阅读环境，确实能带来阅读行为的改变。因此，图书馆应该改变目前室内的阅读环境，通过建设完美的共享阅读实体空间，为读者提供高质量全方位的服务，并为学者提供可以阅读、交流、研讨的工作室，从而整合各种资源，将自身打造成拥有良好的实体空间、常规阅读推广项目、网络阅读推广平台、权威导师团队、合理的考核模式这样一个“五维一体”的全方位阅读推广体系，在阅读推广中争取主动权，占据信息资源、阅读场所和环境、人力资源等方面的中心地位。

①柳霞.在哪儿阅读经典?[N].光明日报,2014-12-02(15).